New life
09

New life
09

你的無形力量

YOUR INVISIBLE POWER

最好的一切，最後都是你的

珍娜維弗・貝倫德 Geneviève Behrend／著　　張家瑞／譯

NewLife 09

你的無形力量

原著書名　Your Invisible Power
原書作者　珍娜維弗・貝倫德（Geneviève Behrend）
譯　　者　張家瑞
封面設計　林淑慧
主　　編　劉信宏
總 編 輯　林許文二

出　　版　柿子文化事業有限公司
地　　址　11677臺北市羅斯福路五段158號2樓
業務專線（02）89314903#15
讀者專線（02）89314903#9
傳　　真（02）29319207
郵撥帳號　19822651柿子文化事業有限公司
投稿信箱　editor@persimmonbooks.com.tw
服務信箱　service@persimmonbooks.com.tw

業務行政　鄭淑娟、林裕喜

初版一刷　2017年10月
定　　價　新臺幣260元
I S B N　978-986-95067-6-2

歡迎走進柿子文化網 http://www.persimmonbooks.com.tw
粉絲團搜尋：柿子出版
小柿子波柿萌的魔法書店
～柿子在秋天火紅 文化在書中成熟～

國家圖書館出版品預行編目(CIP)資料

你的無形力量：最好的一切，最後都是你的 /珍娜維弗・貝倫德（Geneviève Behrend）著. -- 一版. -- 臺北市：柿子文化, 2017.10
面；　公分. -- (New life ; 9)
譯自：Your Invisible Power
ISBN 978-957-95067-6-2 (平裝)

1.吸引力 2.成功法

177　　106015569

讓心靈成為天道運行的中心

對於許多追尋心靈科學的人士來說，這本書無疑是一本必讀的書籍。當作者提到，秩序是上天的首要法則，視覺化能讓事物處在自然的秩序當中。我的心實在充滿了共鳴的快樂，因為這是頭腦清晰的第一步，也是我們回歸到宇宙力量中啟蒙的開端。

書中提到的力量與物質，其實是相同的，而不斷創作你的心靈圖像，正是將創作能量逐漸實現成物質世界的一個磁化過程。這個過程，我們稱之為吸引力的顯化過程。而這個實現的過程，來自於你的心靈力量。

祝願每個人的心靈，都將成為天道運行的中心。當我們成為天道運行的中心，一切開始產生秩序時，我們和宇宙的心靈將合而為一，富足吸引富足，健康吸引健康，這樣我們的心想事成，也正是宇宙的期望呀！

上官昭儀

療癒科學教育家／美力系統創辦人

想要富足，先訓練自己的心

「心想事成」是一套心法修練技法，它不是「你想要就能獲得」如此粗糙的機制，反而是「方向感帶領未來的顯現」。

你想要的是什麼？絕大多數的人之所以無法走向富足，有兩大原因，一是不清楚自己到底要的是什麼？想要過什麼樣的生活？另一部分是不敢想、也不敢奢望，這是一件非常可悲的事情。

我走靈修將近二十年，在靈修路上，我所領悟的一個道理是：「唯有向內突破，才能劃破生活的侷限。」這條路對我此生有相當大的幫助，它讓我越來越肯定自己的選擇，未來的路也有了清晰的方向。這一點在本書中也獲得了印證——向內是讓心產生力量，這是邁向身心與生活富足的基本心法。

想要心靈與生活的富足，你必須先訓練自己的心，除此之外沒有其他，很開心能夠為這一本書寫推薦序。

或許你還在找尋富足的方法，而這本書將點亮你的心，看見更多的可能性。

宇色

我在人間系列靈修作家／華人網路心靈電台主持人／瑜伽教練

奧祕就在字裡行間

讀這本書的當下，你可能會思考如何從無化有。其實，在我教導的「多元開竅」課程中有一個首要功課，就是透過每日清晨的觀想，顯化當天的架構。這些思想氛圍，會彼此交織成量子躍升的雛型，再演化為實相。

任何思維都會對生理組織、大腦、神經或是肌肉產生影響。而心想事成的奧祕，就只需要倚靠頻率去銜接連貫罷了。想要充分運用無形界的力量，就請試著練習接受多元資訊，譬如像是把這本有畫面的書，讀到腦裡，那麼某天開竅的同時，你會發現，原來這本書的奧祕就藏在字裡行間。

再者，讀完此書，特別想分享的心得是，我們必須要想著自己是最幸運和最幸福的人，是和宇宙完全的連結信念，讓自我感覺更加完善，有信心的把願望交給宇宙，自然就等著承接和納入宇宙的安排中。

安一心
華人網路心靈電台共同創辦人

關於作者

珍娜維弗・貝倫德是「心靈科學」大師湯瑪斯・托沃（Thomas Troward，一八四七至一九一六年）的唯一入門弟子。

《你的無形力量》是一本影響力強大、卻又簡單易懂的指引。本書能夠教導你如何運用觀想的力量，以及由湯瑪斯・托沃所教授的其他方法，來改造你的生活。

貝倫德說：「我們都擁有比自己所知多更多的力量和可能性，而觀想是這些力量裡最強大的其中之一，它讓我們在對事情下定結論前，會帶來諸多的可能性。如果靜下心來稍微思考一下，就會了解，宇宙之所以存在，必定是宇宙心智的實現。」

從一九一二到一九一四年的兩年間，珍娜維弗・貝倫德的人生都只專注在湯瑪斯・托沃的智慧與哲學上。

而湯瑪斯・托沃深具影響力和令人讚嘆的思想，則為之後「新思維運動」（new thought）的心靈哲學打下了重要基礎。

當「心靈科學」（mental science）逐漸成形時，托沃把他個人獨到的見解傳授給唯一能夠使這份知識不朽並與世界分享的學生——珍娜維弗・貝倫德。

《你的無形力量》是貝倫德最具影響力和最廣為流傳的作品。

追隨托沃學習之後，貝倫德到紐約市展開她的任務，她在當地創辦了「建立者學院」（The School of the Builders），經營到一九二五年為止。後來，她又在洛杉磯創辦了另一所學院，之後的三十五年間，她遊遍北美各大城市，成為「心靈科學」界著名的講師、導師和實踐家。

認識心靈科學大師——湯瑪斯・托沃

湯瑪斯・托沃原是英國的助理專員，後來擔任北印度旁遮普邦的分區法官，於一八九六年退休，之後他便致力於形而上學的深奧研究。

其研究成果，對精神形而上學的發展產生了非常深刻的影響，特別是新思維運動，其中被稱為「心靈科學」的研究見解，是托沃最直接且影響深遠的遺產。

湯瑪斯・托沃於一八四七年出生於印度旁遮普邦，之後被帶回英國讀書，於一八六五年十八歲那年自大學畢業。一八六九年，他再度來到印度，進行艱苦的印度公務員考試。試題中的一個主題是關於形而上學，而托沃因為答案的獨創性，讓主考官感到十分驚訝。之後，他成了助理專員，並迅速晉升為旁遮普邦的分區法官，而且在那裡任職了二十五年。

在印度，他前後娶了兩任妻子，第二任妻子莎拉・安妮・托沃（Sarah Annie

Troward）在他去世後，幫忙彙整出版了托沃的作品。在一篇題為〈托沃的詩篇評論〉刊出後，莎拉寫道：「當他於一八九六年從孟加拉公務員退休時，便決定投身於三個領域：研究《聖經》、寫書和畫畫。他相信，解決我們所有問題的方法都在那裡（在《聖經》中），以及那些懂得用靈感閱讀和冥想的人。」

從公務員退休後，他於一九二〇年五十五歲時回到英國，打算投身於畫畫和寫作。此時的他，已經徹底消化了東方宗教的所有書籍，而這一切深刻影響了他的精神觀念。那是關於一種願景，即發展一種讓人安心的哲學體系，以及達致個人身體健康和幸福的實際成果。

人們將他描述為一個善於理解的人，態度單純而自然，但說話時卻像個無聊的演講者。在印度，他學習了該國的語言，而且研究了世界上所有宗教的「聖經」，包括古蘭經、印度經典和勝王瑜伽（Raja Yoga）的書。而原始希伯來語的學習，為他的書《聖經神祕》和《聖經含義》奠定了基礎。

回到英國後不久，托沃開始書寫出版關於新思維的作品。當時他已經開發了一些關於心靈科學的哲學思想，而且被一位愛麗絲・卡洛（Alice Callow）女士介紹給倫敦一家「高級思想中心」。這個中心小組的成員立即認定他是一個思緒非常清晰且有學問的人。

之後，他被邀請參加一系列講座，並於一九〇四年在蘇格蘭愛丁堡的皇后大門舉辦了他著名的「愛丁堡講座」。然而，據說即使是對他十分讚賞且願意聆聽的觀眾，也不甚了解他所說的內容。

儘管如此，托沃的天才並沒有被忽略。哲學家威廉・詹姆斯（William James）即認為，托沃的愛丁堡心靈科學講座：「遠遠超出我所見過的最寶貴的哲學聲明，美麗的思想和持久清晰的風格，是一個真正的經典聲明。」

他的寫作是一種直觀的東方神祕主義，被過濾成西方的寫作風格。據說，閱讀托沃很難。其實，如果慢慢地讀他的故事，我們會發現，他的敘述很清楚簡潔。理解的祕訣是，先了解他的主要前提，然後看他如何從這些邏輯上去辯證。這是西方思想法則的典型。

托沃的思想對歐內斯特・福爾摩斯（Ernest Holmes，是美國新思想家，一個宗教科學的精神運動創始人，其精神哲學被稱為「思想科學」。他也是《心靈科學雜誌》的創始人）、弗雷德里克・貝勒斯（Frederick Bailes，美國作家，也是神學家和替代醫學家，他的一部分工作是新思維運動）、約瑟夫・墨菲（Joseph Murphy，是愛爾蘭出生、入籍美國的作家和新思維牧師，任命於神聖科學和宗教科學教會，《潛意識的力量》一書作者）和埃米特・福克斯（Emmett Fox，是二十世紀初的新思維精神領袖，以大蕭條時期在紐約市舉行大型神聖科學教會服務而聞名）等人的作品產生了重大影響，其理論並被許多其他作家引用。

在閱讀托沃時必須記住，他的作品是其時代的產物，所以他的書大量使用了一九〇〇年左右的科學術語。他曾在英國教會中成長，每天閱讀《聖經》。因此，他的書，特別是關於《聖經》的神祕和含義，會有一個明確的基督徒取向。

目錄
Contents

序言／你的渴望終將成真

寫這些文章的目的，是為了提供可以讓你的渴望成真的關鍵，並且說明你應該將恐懼完全從意識中排除掉，這樣才能掌握住自己所想要的東西。

當然，這是以「你的渴望是基於你想要獲得更多快樂」為前提。舉例來說，你覺得擁有更多錢財、土地或朋友可以使你更快樂，而你想擁有這些東西的渴望，是出自於「這樣的擁有，能夠帶給你自由與滿足」的堅定信念。

你會在努力擁有的過程中發現，你最需要的是不斷地把自己「做」到最好。

某一天上午的課後，有位男士來找我，問我能否說些什麼來鼓舞他，當時他很需要錢。他拿出五美元，並且說：「親愛的女士，這是我在這世上僅有錢財的二分之一。我負債，我的太太和孩子沒有得體的衣服可穿。事實上，我必須要有錢。」

我向他解釋說，金錢只是一種分化性（特殊化）物質的象徵，而這種物質無所不在，當他「需要」錢時，它就會以錢的形式出現在他面前。

「但是，」他質疑：「它可能出現得太晚。」

我告訴他不可能，因為我們永遠處在現在。他了解了，並且因為我的一席話而感到振奮。之後，我再也沒有見過那個人，但六個月後我收到他從紐奧良寄來的信。他在信裡寫道：

「我在這裡有一份很穩定的攝影工作，我有自己的房子、車子，家境小康。貝倫德女士，我要謝謝你那天在紐約將我從絕望的深淵中拯救出來。

跟你談過話的三天後，我在路上遇到一個多年不見的故人。我向他說明了我的情況後，他借我錢付清所有帳單，然後我才能有今天。隨函所附的支票是用來幫助你繼續完成你了不起的工作，教導人們如何在心靈上向外伸展，並且獲得源源不絕的鼓舞。如果不是你的啟發，我是不會有任何領悟的。願上帝祝福你。」

以為擁有更多——無論是什麼東西——就能帶來滿足或快樂，是一種誤解。沒有人、地方或事情能夠給予你快樂。它們也許能給你獲得快樂的原因或帶來滿足感，但**生活中的歡樂，其實是源自於你自己的內心**。

因此我建議，如果你的渴望與生活中的歡樂是一致的，請務必努力獲取你認為可以為自己帶來歡樂的東西。

在這本書中，我希望能為所有努力不懈地去了解「觀想法則」（the Law of Visualization），以及將這份知識切實地運用在任何層面的人，啟發他們對未來的可能性。這裡所用的「努力」一詞，並不是指身心操勞的概念，因為所有的研究和思考都應該擺脫緊張和壓力。

我一心想證明，從創意行動或心靈圖像的一開始，其相應的結果必定會隨之而來。「**雖然宇宙的法則和定律是不可改變的，但它們可以被用在特定的條件下運作，然後產生對個體發展有益的結果。**也就是說，這樣的個體進步需要懂得運用大自然定律才能達成，而不可能在大自然定律的自動運作下平空獲得。」

所以，無論我所給予的暗示程度有多深（關於你的未來可能性），透過觀想，你也可以超越過去的經驗，但因果定律的連貫性是無論如何都無法被打破的。

如果透過書裡所給予的暗示啟發，有人能夠豁然領悟到，他的心靈是「所有存在的力量」穿越與運作的核心，只等待一個唯一的指引，一個他的心靈能夠藉以採取特定行動（也就是具體或物質形式的反應）的指引，那麼，本書所致力執行的任務就算完成了。

請試著記住，你所想的、感覺到的和看到的情景，都會反映到宇宙心靈裡，而藉著相應作用（Reciprocal action）的自然法則，它們又會以精神或物質形式回報給你。一旦認知到這個介於個體與宇宙心靈之間的相應作用法則，你將開啟一條自由之路，讓你擁有也許你希望擁有的東西，或成為你想成為的人。

切記，這一切只可能發生在這樣的人身上：他了解用來創造一個持久不變心靈願景的力量，是源自於所有生命起源的宇宙精神，而且只有在這個力量被運用，並與引導它的心靈本質維持和諧關係時，才能產生建設性的作用。

為了確保這個作用的產生，一個人對於他與這個宇宙創造性精神（Originating spirit）的關係，就必須像孩子和父母的關係——父母的心靈通過孩子而作用與反應是不容倒置的。在這樣的情況下，無論你認為和感覺自己是什麼，宇宙的創造性精神必定會忠實地以相稱的反應去重現。

這是想像自己與切身之事以希望的樣子存在（雖然肉眼看不到）、並且活在願景中的一個很好理由。

盡己所能地努力實踐，必定能領悟自己的心靈其實是宇宙創造性精神的投射，這會向你證明，所有最好的一切，最後終歸是你的。

珍娜維弗・貝倫德

加州洛杉磯，一九二九年五月

PART 1
邁向心靈科學之路

Chapter 1
為什麼我要研究心靈科學

我常常被人質疑研究心靈科學的理由，而且不只在原理的知識方面，還有為了發展我個人人生所需運用的知識研究成果。

這類的質疑是可以理解的，因為一個嘗試擔任心理真相傳訊者角色的人，只有當他／她在個人心靈體驗實驗室裡測試人們時，才會變得具有說服力，這個道理對我來說格外真切。

我是心靈科學大師托沃的唯一入門弟子，他的學說基礎建立在，個人心靈趨近於全能的創造性精神（也就是生命的授予者）時所衍生的關係，以及這個關係可被召喚去保障個人生命的擴展，與更全面的表現方法上。

當初讓我想研究心靈科學的衝動，是由於一股無法抵擋的孤寂感。在每個人的生命過程中，必定都有過心靈上感到孤寂的時候，就像當時的我，感覺被孤寂感整個淹沒了。儘管我每天都與朋友為伍，被包圍在歡笑快樂的氣氛裡，但心裡那種孤單於世的感覺仍不住地襲來。我在守寡時，曾用了大約三年的時間到各國流浪，就只為了尋找心靈的寧靜。

以我人生的條件與境遇而言，我在朋友眼中是個超乎常人幸運的女孩。儘管他們知道我在丈夫過世時承受了莫大的精神損失，但他們也曉得他留給了我一大筆撫養費用，讓我可以隨心所欲地去任何想去的地方。

不過，要是我的朋友能夠滲透我內心深處的情感，他們一定會發現一股深沉的空虛和孤寂感。這種感覺激起我心靈上的動盪不安，而這種動盪不安又驅策我一次又一次地向外徒勞無益的追尋——後來我才知道，我所要追尋的，只能從內心找到。

我研究基督科學，但無法從中得到安慰，儘管我對該領域科學家的偉大研究已經有全然的了解，甚至也有幸親眼見到「基督教科學會」的創始者艾迪夫人（Mrs. Eddy）。對我而言，接受並實際運用基督科學的基礎學說，是不可能的。

正當我要放棄追求一個滿意的人生，甘願回到從前只有外表歡樂的生活時，一位朋友邀我去拜訪了偉大的先知暨導師阿博都・巴哈（Abdul Baha）。在會見過這位極了不起的男士之後，我追尋滿意人生的計畫開始有了變化。

他告訴我，我要走遍全世界去尋找真理，直到我找到了，才能夠大聲地說出來。

要實現這個偉大先知所說的話，在當時看來是不可能的，但它給了我一些鼓舞，至少暗示了我之前所追尋的方向是錯誤的。

我開始慢慢、淺淺地摸索，想找出內心的滿足點，因為他沒有暗示，我是否會找到真理？這一點對我來說很重要，這也是那次晤談中我唯一記得的事情。

幾天之後，我拜訪了一位新思維學者，我在他的辦公室裡注意到桌子上的一本書，那是托沃所寫的《愛丁堡講學：心靈科學》。書裡提到托沃是一位來自印度旁遮普邦退休的分庭法官，這讓我很感興趣。於是我跑去買了那本書，想著那天晚上可以把它讀完。

許多人跟我一樣，努力讀了這本書後才發現，為了了解箇中涵義，必須仔細研究書中內容；許多人跟我一樣，必須全心全意的研讀，才能有所收穫。

在發現那本珍貴的書後，我到印度待了幾天，在那裡，我盡最大的努力，透徹地研讀那本書。

不過，那本書實在太艱深了，所以我決定先再買一本托沃的其他作品，期望它不用花我太多力氣。經過詢問後，有人指點我讀後繼出版的《多爾講學》，不僅簡單多了，也寫得更好。但閱讀後，我發現自己仍需要花些精神去鑽研它。我用了好幾個月的時間，也只對《多爾講學》第一章「領會要義」的內容有點粗淺概念。也就是說，我花了好幾個月的時間，才對自己所讀的東西有一點點心領神會。

在閱讀期間，托沃在第二十六頁中的一段文字引起了我的注意，那似乎是我讀過最精采的東西了。我把它背下來，然後竭智盡力的去體悟，內容如下：

「我的心靈是天道運行的中心，天道的運行是為了生命的擴展，與更全面的表現——這裡指的是某種超越先前事物的成果、某種全新的事物，不包含過去經驗裡的某種東西，而且事情的進行是依據分明的次序或條理來發展。因此，既然上天無法改變它固有的本質，那麼，在我的內心，它必定是以相同的方法運作，最後在我自己的世界裡（我是那個世界的中心），它會向前邁進、創造新的環境，但永遠比從前的任何環境都要創新。」

我費了一番功夫背下這段文字，努力背到最後時，發現那些話似乎帶有某種刺激的力量。每當重複思索這段話時，我便更能輕易地領會它的意義。

這些話正好表達出我一直在追尋的東西，我有一個尋求心靈寧靜的願望，而我發現，相信以下這一點讓我得到了安慰：**在我內心的天道，能夠擴展出更全面的表現，並且創造出越來越多的滿足感——事實上，那種心靈寧靜與滿足的程度之高，是我從未感受過的。**

那段話進一步激起了我更濃厚的興趣，去體會內心的生命火花能夠為生活帶來全新的事物。我不想忘卻過去的經歷，而這也正是托沃所說不會發生的事。天道並不會抹滅掉我過去的經歷，反而會從中運作出一些新的事物，而那些新事物會超越任何我以前所經歷過的事情。

細細思索這些主張，為我帶來一種愉悅的感受。如果我能忘卻一切懷疑，接受並且虔誠的相信托沃的這個主張是真理，這將會是多麼美好的事！

當然，**上天無法改變它固有的本質，而且由於天道在我體內運行，所以神性必定**

我的心靈是天道運行的中心，天道的運行是為了生命的擴展，與更全面的表現。

居於我心，而我內在神性的運行，就像它在宇宙層面的運行一樣。也就是說，我整個世界的環境、朋友和情況，最後都會變成一個「以我為中心」、令人滿足歡樂的世界。

這是會發生的，只要我能夠控制我的心靈，從而提供一個能夠讓上天能量運行的具體中心。

這當然值得嘗試，假如托沃真的發現了這個真理，我何妨把它當作一項挑戰？後來，我決定和這位男士一起研究，他已有所領悟，並且為世人提出了一項偉大的學說主張，而這個主張將我從消沉的泥淖中救起。

不過，燃眉之急，是需要增加經濟收入。

Chapter 2
我如何運用吸引法則得到二萬美元

在心靈體驗實驗室裡，我與天道之間才剛顯露的關係即將受到考驗，首先遭遇到的是經濟問題。

我的收入雖然很足夠應付日常生活開銷，但似乎還無法讓我到英國過著舒適的生活。那是托沃旅居之處，而且他會待上一段時間，因為他要向一位偉大的導師學習。所以，在還沒問過托沃收不收學生、或者他收學生但我夠不夠資格之前，我開始運用我所背下的那段文字。

每天，事實上，幾乎是每小時，那些話就在我腦海裡繚繞著：「我的心靈是天道運行的中心，而天道運行的目的是，擴展到比以往更好的某種事物中。」

從《愛丁堡講學：心靈科學》裡，我讀到關於吸引力法則的事情，而從「動機與情境」那一章中，我開始對「觀想」有些模糊的概念。所以，每晚就寢前，我都會創造一個擁有赴英國師從托沃所需的二萬美元的願景。

每晚，我在臥房裡數著二十張想像出來的一千美元鈔票，然後，一想到這二萬元是要花在赴英國向托沃學習的用途上，這個想像的印記就變得更明顯。

我寫下我的願景，看到自己買了船票、登上從紐約到倫敦的船，最後，我看到自己被托沃收為門生。每個早晨和夜晚，這個過程都要重複一遍，每當我憶起托沃的話「我的心靈是天道運行的中心」時，這個心靈印記就變得越來越完整。

我努力將這段話時時牢記在心，但一點兒也沒想過要怎麼得到這筆錢。沒想過怎麼取得這份收入的原因，或許是因為我根本無從想像這二萬元要打哪兒來。所以，我只有堅定我的思想，然後讓吸引的力量自己找到它的路徑和工具。

有一天我在街上走著，一邊做深呼吸練習時，突然有個想法。「我的心靈必然是天道運行的中心。假如上帝無所不在，那麼上帝必然也存在於我的心靈之中。如果我希望得到這筆錢，並用在向托沃學習，也許我能從中得知生命真理的學說，那麼那筆錢和真理必終將屬於我，儘管我現在無法感受到或看到這兩者的具體形象。不過，」我宣告，「它必定會屬於我！」

當我腦海裡閃過這些想法時，我的內心似乎也產生了一種見解：「我就是這個世界的所有物質。」然後，透過大腦中的另一個管道，答案呼之欲出：「當然，就是這樣。**每件事物在心靈中必定有其起源，想法本身包含了世界上唯一且基本的物質，這也包括錢和其他一切事物。**」我的心靈接受了這個想法，然後我的身體和所有緊張在轉眼間獲得了放鬆。

當時我有一種感覺，我十分肯定我與生命釋出的所有力量必然有所聯繫。所有關於金錢、教導，甚至我自己性格的想法，都被淹沒在席捲了我整個人的愉悅巨浪裡。我繼續不斷走著，讓心中愉快的感覺慢慢成長、擴張，直到關於我的所有事情，都在期待的烈火中發出熾熱耀眼的光芒。與我擦身而過的每個路人，看起來都和我一樣容光煥發。所有意識中的主觀性格都消失了，取而代之的，是美妙到幾乎勢不可擋的愉悅感和滿足感。

我再度想像著二萬美元的那個夜晚，是一個完完全全的轉捩點。

以往我在做觀想時，會覺得自己在喚醒內心某種東西。但這一次，一點兒也沒有費力的感覺，我只是數著那二萬美元，然後，出其不意的，從當時我尚未意識到的一個來源，似乎打開了一個通道，我能透過那個通道得到錢。

剛開始，我要費一番功夫才能克制自己的興奮激動。我的需求能得到回應，看來是那麼的奇妙、那麼的美好。但托沃不是曾告誡過讀者，在獲得無限力量回應而實現願景的一開始，要克制心裡的激動之情，並且要把這個事件完全當作是一種透過請求而來的自然結果？

然而，要我做到一點，比秉持「世界上一切的物質形成了我；而我（概念）是所有形式的起源，無論有形或無形」的想法還困難。

二萬美元也許會透過什麼樣的管道出現——這樣的暗示一旦產生後，我不但要盡最大的努力，冷靜的將暗示的方向看待成，我在決心的土壤中播下的種籽第一次萌生初芽，而且為了貫徹到底，我不會在犁田時留下形成阻礙的石頭，如此，我才算完成了這一部分的任務。

透過這樣的做法，一個情境會自然而然導致另一個情境的發生，一個接著一個，直到我所嚮往的二萬美元保證會出現為止。保持心靈的平靜和不要興奮激動，是我要盡的最大努力。

在小心翼翼遵循托沃所提出的方法下，我根據他書中的指導去研究心靈科學，終於有了第一個具體成果。

因為有了這層關係，所以我能獻給讀者最好的禮物，莫過於引述托沃在《愛丁堡講學：心靈科學》一書中，導出我一直努力遵循的行動原則的完整概念。在「動機與情境」那一章裡，他說：

「為了獲得良好的結果，必須適度地了解我們所使用的——我們與偉大客觀力量之間的關係。那種力量擁有才智，我們也擁有才智，而且這兩種才智必須協力合作。」

我們不能悍然無視於法則，卻期待它為我們做它只能透過我們才能做成的事，所以我們必須將才智與具有智慧工具作用的知識併用，而且因為我們擁有這份知識，所以我們可以且應該停止所有對結果的擔憂。

「在實際的執行上，必須先將目標的明確意圖刻畫在宇宙心智中，然後對目標塑造出一個完美的概念——正是這種思維，使想法不致陷入偶然暇思、幻想的泥沼，並確認由於我們擁有關於觀想法則的知識，所以足以冷靜等待一個符合期待的結果，而所有的必要情境都將適時出現。最後，我們能夠回到日常生活中，胸有成竹的確信，我們所需要的情境不是已經出現，就是即將到來。

如果沒有馬上看到那些情境的發生，但因為知道精神原型已經存在，便要懂得滿足安心，然後等待心所嚮往的情境開始萌芽。這個剛萌芽的情境也許只是一件很小的事情，但值得我們重視的是它要發展的方向，而不是它的規模。

一旦看到那個情境，就應該將它視為在決心的土壤中播下的種籽第一次萌生初芽。保持冷靜，無論那個情境還需要什麼，之後我們都會看到，這麼做會在同一個方向上導致下一個情境的發生，直到我們發現自己正一步步完成目標。

藉由這種方法，兼以了解供給定律的偉大原則，在反覆的經歷下，我們能一次比一次更完全的拋開憂慮思緒和艱辛勞苦，並且走向一個新世界。在那裡，我們所有力量的有效運用，無論是心理或生理的，僅僅是依據個體本質（也就是我們健康幸福的永久來源——這當然是個促使我們悉心研究支配個體與宇宙心智間關係法則的充分誘因）的個人特質呈現。」

對我而言，當時和現在一樣，這段引文指出了取得與「無限供給力量」產生聯繫的必要方法、手段精髓與核心，再加上之前的引文「我的心靈是天道運行的中心」，至少它構成了吸引二萬美元向我而來唯一顯而易見的工具。

我努力不懈地去融會貫通這些主張的精髓，並且吸引我所需數目的金錢向我而來，大約花了六週的時間，最後我的銀行戶頭裡總算出現所需要的二萬美元。

若要提到細節，這可以寫成一篇很長的故事，但相信我所描述的內容，已能夠讓你對那二萬元慢慢產生過程中，關於我心靈的吸引情境，有了明確概念。

Chapter 3
成為偉大心靈科學家托沃的唯一入門弟子

腦海裡一產生向托沃學習的想法後，我立刻請一位朋友幫我寫信給他，因為我覺得那位朋友也許比我更懂得使用具說服性的字眼，來表達我的學習欲望。

但這位朋友所幫忙寫的信，統統沒得到回音，我氣餒到幾乎完全想放棄成為托沃的學生。但有一天我走在路上，我的整個世界像是被照亮了一般，我想起一句話：

「你決心去做的事情，相信自己能有所得，那麼你必有所得。」

有了這層體悟後，我安排好到英國的行程，儘管我的信顯然都被對方忽略了。但我們再次寫信，然後終於得到回覆，對方的用語非常有禮、確切。托沃不收學生，他沒有辦法把時間奉獻給學生。

雖然這個答案很明確，但我不願灰心喪志，因為我想起某一天，我腦海裡迸出的光芒和對這個想法的體悟：「我是世界上一切的物質所形成的。」我似乎能隨心所欲的一再體驗那種感覺，那種感覺總是帶來大量的勇氣和嶄新的能量。

我們啟程到倫敦，然後在那裡打電報給托沃，要求他安排一次會面。電報立即得到回覆，他定下了一個能見我們的日期。

那時，托沃住在路昂麥諾（Ruan Manor），是英國南部稍偏僻的地方，距離火車站約三十二公里遠。我們在地圖上找不到那個地點，但庫克旅行社倫敦分部幫了很大的忙，費盡千辛萬苦，我們終於找到了那個地方。

對於會面，托沃會對我說些什麼，我根本沒想太多。我一直有種感覺：我會找到真理，而且它會在我的意識中成長、擴張，直到無論外在或內在的寧靜與滿足，都展現在我的個人生活裡。

我們在狂風暴雨中抵達托沃的住所，得到托沃本人的誠摯接待。令我頗感意外的是，我發現他比較像典型的法國人，反倒不像英國人（後來我得知他是胡格諾族〔Huguenot race〕後裔）。他的身材中等，頭的比例相當大，有一個大鼻子，眼神中閃爍著歡欣的神采。

他把我們介紹給家庭成員，並奉上熱茶，然後我們被邀請到客廳裡，聽他天南地北的滔滔談論，除了我的求學計畫。

看樣子，似乎很難把他帶入那個話題裡。不過，就在我們要離開前，我很冒昧的問道：「你不重新考慮收入門弟子的事嗎？我好期待能跟你學習。」他用漠不關心的態度回答說，他不認為自己挪得出時間做私人教學，但他覺得有兩三本書不僅有趣，而且對我有啟發性的作用，他很樂意提供給我書名。

他說，我從美國遠道而來向他學習，讓他受寵若驚。當我們從他家的巷子出來，走向我們的車子時，他的態度變得沒那麼冷漠了，他似乎被一股共鳴感打動了心房。他轉過頭來告訴我：「如果你想的話，你可以寫信給我。在你到了巴黎之後，如果我在秋天有時間，也許我們可以安排一下，雖然現在看來不大可能。」

既然他提出寫信的善意邀請，事不宜遲，我馬上提起筆來。我的信總是得到立即、親切的回覆，但是關於我的求學計畫，卻沒有任何鼓勵性的隻字片語。

大約兩個月後，他總算在一封信中提到了這個問題：「你能看出《啟示錄》第二十一章十六節裡這段詩文的意思嗎？」

「城是四方的，長度和寬度一樣。他用蘆葦測量城市，共有一萬兩千弗隆

（furlong，長度單位，等於八分之一英里），長、寬、高都一樣。」

當時我有種直覺，我知道我向托沃學習的機會，就懸在答對問題的絲線上。那段詩文的釋義，似乎完全超乎我能力所及。一些答案很自然的出現在我腦海裡，但我知道那些都不正確。我開始用同樣的問題四處轟炸我的研究同好和熟識之人，遍佈世界各地的律師、醫生、牧師、修女、教士等，都收到了我對這個問題的詢問信。然後我得到一個又一個的回覆，但直覺告訴我，沒有一個答案是正確的。

我一直努力地尋找答案，但始終沒有結果。我把詩文背下來，以便我隨時思索它的意義。同時，我開始到巴黎尋找托沃推薦我讀的書，經過兩三天的搜尋，我們到塞納河那一端的西堤島去逛老書店。那些書都絕版了，而這些書店是我最後能找到它們的地方。

終於，我們找到一家有這些書的小書店，店裡的庫存各剩一本，所以，當然的索價不斐。在和店員討價還價時，我的目光停留在一位占星家的書上，我笑著把書拿起來，然後問道：「你認為這個什麼教授的，他會幫我算命嗎？」那個店員對這個問題感到不可思議，回答說：「哦，不，女士，他是法國最偉大的占星家之一，他不幫人算命。」

儘管回答是否定的，我心中仍興起一股無法平息的衝動想去找他。陪我找書的朋友和我一起殺價，但也用盡各種方法說服我，不要去找那位著名的占星家，只是我仍堅持前往。

當我們抵達占星家的辦公室時，我發現開口要求他幫我算命，真的有點難為情。儘管如此，開門見山還是最好的辦法。

那位教授勉為其難的邀請我們進入他堆滿紙頭的研究室，然後不情願又不耐煩的請我們坐下。

他有禮卻冷淡的告訴我說，他不幫人算命。他渾身上下表現出來的態度，比他的言語還清楚，都在表達他希望我們趕快告辭。

我的朋友起身，但我很迷惘接下來該怎麼做，因為我覺得我還沒準備好要離開。

直覺似乎在告訴我，我在這裡會有收穫，只是一時之間我還搞不清楚會是什麼，所以我停頓了一下，這令我朋友很是不悅與尷尬，此時教授的貓正好跳到我的腿上。

「下來，傑克！」他斥喝，「這代表什麼？」他似乎在自言自語。然後，他對我的興趣顯得比剛剛大多了。

教授微笑著說：「我以前從來沒聽說過貓會跳到陌生人身上，女士，我的貓喜歡你，而我現在也覺得對你的命宮感興趣，如果你能給我資料，我會深感榮幸的為你占卜。」

他的這番話讓我感到開心極了，但他最後又說：「不過，我不認為你是真的在意自己的命宮。」

這句話令我大感震驚，因為我的確不在意什麼命宮，也無法有個合理的解釋，為什麼要他幫我算命？

「不過，」他說：「我能在下週日下午過去訪拜你，跟你要資料嗎？」

到了下週日下午約定的時間，教授登門造訪，我遞給他一張紙，上面寫了所有關於我的資料，如生日……等。然後，我想到向他問問托沃給我的問題，那段出自《啟示錄》第二十一章十六節詩文的意思。

這個想法立即化為行動，我發現自己已經在問他，認為這段詩文的意思是什麼。他根本沒多想就馬上回答：「意思是，這個城市傳達了真理的訊息，而真理是不可悖逆的，你所接觸到它的每一面牆，都是一模一樣的。」我的直覺告訴我，這正是真正的答案。

我欣喜若狂，因為我感到很肯定，掌握了這個正確的答案後，托沃會在秋天收我為學生。

當大占星家準備離去時，我向他說明我想向托沃從師學習的渴望，為了達到目的，我如何從紐約市來此，但一直毫無進展，直到他給了我這道測驗題的答案。

他相當感興趣，並且問了我許多關於托沃的事。

當我問他是否會將帳單寄給我的時候，他微笑著回答：「讓我知道托沃有沒有收你當學生。」然後致意道別。

我迫不及待的衝到房裡打電報給托沃，回答他關於《啟示錄》第二十一章十六節詩文的問題。

托沃立即回覆，電報上說：「你的答案正確。我即將到英國展開金字塔方面的講習課，如果你想聽課，我很榮幸你的加入，之後如果你仍希望向我學習，我想是可以安排的。」

一得到這個回覆，我立刻準備好從巴黎到倫敦的行程。

我參加了所有課程，從中得到許多啟發，之後向托沃學習的事情也安排好了。出發前往康沃爾的前兩天，我收到托沃的信，清楚的指出有關學習的事情：

史丹威克路三十一號
西肯辛頓，英國

親愛的貝倫德女士：

關於你提出向我學習的事，我想有些話最好讓你知道，因為假如你有任何誤解，並因此遭受任何失望的打擊，我會感到非常遺憾。

我研究這個主題已經有七年了，對於大部分這類體系（遺憾的是，它們才是目前眾所矚目的焦點）的主要特點有一般的熟悉度，像是神智學（theosophy）、塔羅牌、卡巴拉（猶太教神祕哲學）等等。我可以毫不猶豫、很公正的說，所有所謂的奧義學研究及其主張，都與「賦予生命的真正真相」相違背。因此，你不必期待關於這些學說的任何指導。

近來我們都聽過許多關於啟蒙的事，但相信我，你越是想盡辦法要成為一個所謂的「知識初學者」，你就越沒有辦法享受生活。

經過多年嚴謹的研究和思索之後，我才敢說，《聖經》和它所揭示的基督精神是真正值得我們研究的，而且它在所有善惡觀念、信念、我們的外在生活和日常事務、生命的內在泉源，以及對於死後脫離肉體、在無形世界中對生命的一般理解上，都是一個夠份量的主題。

對於我的學說，你已表達出相當大的信心，而如果你的信心就像你所希望的那樣，如你所說，完全聽從我的指導，我只能以接受重責大任的態度去接受它。而且我必須要求你，以拒絕研究所謂的「奧義」（我會禁止你研究），來表現你的信心。

這番話出自於我的個人經驗，但我的教學其實非常簡單，也許稍微帶點個人見解，你會說你以前就聽過了大部分的東西。

對上帝、禱告、禮拜抱持信念，透過基督接近天父——這些對你來說已經有一定的熟悉度了。我能期望自己做的是，也許在這些主題上做更多、更深入的闡揚，使這些觀念對你來說，不只是刻板的文字，還是眼前活生生的事實。

我把話說得那麼明白，是因為我不希望你會有絲毫的失望。而且我要說，我們所謂的研究課程，將只是在適合的時候會自然帶到的友善談話，不管是你來我家或我到你那兒，只要是當時最方便的方式就好。

還有，我會借你幾本有幫助的書，那些書很罕見，而且絕不是奧義書。

現在，如果這一切與你的想法契合，我確信，我們會很開心見你來到路昂麥諾。你會發現，這裡的居民雖少，但相當友善，鄰居也非常可愛。

可是，反過來說，如果你覺得你所嚮往的是其他的學習來源，請別介意說出來，只是你絕對找不出任何東西可以取代基督。

我相信你不會介意我寫這樣一封信給你，但我不希望你大老遠跑到這裡來，得到的卻只是失望。

祝　安康

PART 2
實現欲望的心靈觀想

Chapter 4
井然有序的觀想

練習觀想的技巧，可以使你保持頭腦清晰，並且讓你吸引那些可用來使生活更愉快的事物來到身邊。

如果你能訓練自己縱情「視覺化」自己的渴望，並謹慎檢視你的圖像，你很快就會發現，你的思緒和渴望，會運行得比以往都更加井然有序。

達到井然有序的心靈境界後，你就不再處於長期思緒忙亂的狀態。忙亂代表恐懼，以及接繼而來的毀滅。

換句話說，當你的理解力掌握住心所渴望的想像力量，並使之與你的意志一致時，它會以吸引力法則的和諧共鳴原理，吸引所有讓觀想實現的必要事物向你而去。

既然秩序是上天的首要法則，而且「視覺化」能讓事物處在自然的秩序當中，那麼觀想必定是美好的事物。每個人都能做觀想，無論他曉不曉得這回事，觀想都是成功的一大祕密。

頭腦清晰地使用這個偉大的力量，會幫你吸引到各種來源不同的知識、增強你的智慧，並讓你擅於運用你之前從未認知到的優勢。

曾經有一位女士來找我幫忙變賣一項房產。我向她說明如何做買賣的觀想，如何在心裡一一過濾所有細節，模擬得就像她真的要賣出那項房產一樣。

一個星期後她回來找我，告訴我某一天她走在街上，突發奇想的想去見一位她從未見過面的不動產經理人。

剛有這個想法時，她還有點猶豫，因為她覺得那個人無法賣掉她的房產。然而，憑著我教給她的力量，她決定順從這個想法去見那位不動產經理人。結果，在她與他第一次的接觸後，短短的三天內，他便幫她賣掉了房產，其實這只不過是依循供需的自然法則罷了。

現在人類可以翱翔天際，並不是因為是誰能夠有力地去改變自然的法則，而是因為飛行器的發明者，學會了如何應用自然法則，而且是條理有序地應用這些法則，進而產生他所想要的結果。

這對自然的力量而言，打從一開始就沒有改變過。早年沒有飛機，是因為那個時代的人無法想像這個概念是確切可行的。他們爭辯道：「沒有人做出過飛機！」「那是不可能的！」但其實，那時候的飛行定律與製作飛行器的材料和現在一樣，一直都存在著。

托沃告訴我們，他從飛機和無線電報系統中所學到的一大課題是，即使以往所有的經驗已堆積起如山的相反驗證，但原理能大勝前例的原因是，它是一個根據其合理結論的想法而產生的成果。

我把這樣的例子呈現在你的眼前，而你必定能夠了解，其實還有更大的祕密尚未被揭露。還有，**你的內心就存在著一把鑰匙，而這把鑰匙能夠開啟收藏你心所渴望之事的祕室**。

為了你也許會使用到這把鑰匙，也為了使你的生活成為你所冀望的樣子，是有必要去細細探究那些藏在每個外在可見的情況背後，未被察覺的原因。一旦這些未被察覺的原因與你的觀念融會貫通後，你會發現，自己能夠將「可能性」變成「實際可行」的事實，即使這些可能性在目前看來只是虛幻的夢想。

我在紐約時，有一位女士因為失業而求助於我。我用了最愉快動人的話來鼓勵她，並且用觀想法，讓她看到自己達到所夢想的職位，來強化她的感覺，雖然當時那個職位對她而言似乎遙不可及。

就在同一天的下午，她打電話給我，說她簡直不敢相信自己所遭遇的事實，因為就在剛才，她得到了她所嚮往的職務。那位雇主告訴她，她就是他已經找了好幾個月、一直想要的人才。

我們都知道，熱氣球是飛機的始祖。而在一七六六年，英國紳士亨利・凱文帝希（Henry Cavendish）證明了氫氣比空氣輕七倍。由於這項發現，才又有飛行氣球的出現，然後再從一般可駕駛的飛行氣球，進化出雪茄形的飛行船。

有人在研究過鳥類的飛行技巧與拋射體的空中移動定律後，相信比空氣還重的機器，是可以進化到利用此技巧與定律在空中維持高速行進的方式，而在兩地之間移動，這種推進力能夠克服一般的重力定律。

華盛頓大學的蘭利教授（Langley）研發了這個理論的大部分，並由其他後繼者改善之。當初他把一架模型飛機彈射入天空中，最後卻頭下腳上的墜入波多馬克河的濁水中，而成為眾人的笑柄。

但後來親自做過實驗的萊特兄弟，卻領悟到，不用氣囊就能使機器在空中飛行的可能性。

他們看到自己利用一種了不起的設備，享受著這種模式的旅行。據說，當他們的種種經驗未如預期實現時，兄弟之一會這樣告訴另一人：「沒關係，兄弟，我可以『看到』自己在駕駛飛機，它飛起來既輕鬆又平穩。」

萊特兄弟知道他們想要什麼，並且不斷地在心中維持這樣的觀想。現在，飛行技術已在迅速發展當中，我們都能感到確定的是，在不久的將來，飛行會變得像汽車運輸一樣普遍（本書首版發行於一九二一年）。

在觀想（或創造一個心靈願景）時，你並不是處心積慮地要改變大自然的定律，而是在實踐那些定律。

你做觀想的目的，是為了讓事情回歸到精神與物質的正常秩序中。當你明白這個運用創造力的方法，可以使你的渴望一個接著一個確實地實現後，你神祕且魅力無窮的自信（它的中央發電機就在你逼真的想像中）也將躍然高升，沒有什麼事物可以動搖它。

你不會覺得它需要從任何人那裡才能獲得，而且你會學到，**能發問與追尋，才有收獲與發現**。

你知道自己所要做的，就是讓宇宙的可塑性物質，開始注入到你以觀想的渴望而鑄成的思想模型中。

在觀想（或創造一個心靈願景）時，你並不是處心積慮地要改變大自然的定律，而是在實踐那些定律。

Chapter 5
如何吸引你想要的東西向你而來

存在於你的內在、使你能夠形成思想情境的力量，就是這一切的開端。這個力量的原始狀態，是一種尚未分化（未特殊化）與未成形的生命物質。是你的思想情境創造了它的雛型，也就是說，透過你的思想情境，這個未定形的物質才得以成形。

觀想——也就是透過心靈看到你所希望的事物和環境——是你內在一股經壓縮的特殊化力量，以幻燈片投影機的鏡頭來比喻這股力量，最能夠闡明它的作用。

它揭露了創造性精神在創造和選擇層面（或在其壓縮、特殊化的形式中），是以一種截然分明的方法去運作的概念。因此，**心靈幻燈片能揭露你的心靈願景——隱藏在你心靈的投影機之中，直到你出於自願而開啟燈光，使之顯露而出。**

也就是說，你相信生命的創造性精神正在發揮作用，而你運用內心對它的絕對信賴，來點亮渴望的燈光。

意志之光穩定地照耀在這個精神上，你所渴望的情景便藉此投射到物質世界的螢幕上——與你的心靈幻燈片一模一樣的情景。

一位女士找我幫她挽回丈夫的心，她說沒有他，她便感到鬱悶孤單，她希望能與他重修舊好。我告訴她，她不可能失去愛和保護，因為這兩者皆屬於她。

她問要怎麼做才能讓丈夫回到她的身邊，我告訴她，要跟著力量強大的直覺走，想想她的丈夫是個完全自由的人，並且具有一個丈夫所應有的完整形象。

她與高采烈的離開了，但幾天之後回來找我，說她丈夫為了能再婚而要跟她離婚。她表現得相當激動，但照著上次面談所指示的方法，她顯然放鬆了心情。我再次告訴她要牢記，生命之靈的溫情保護，會指引她找到完美的幸福。

一個月後她又回來，說她丈夫已經娶了別的女人，這次她完全失去了心智上的控制力。我再次重複之前對她說過的話，然後她又重拾自信。

兩個月後，她滿心歡喜的回來找我，說她丈夫竟然回頭來找她，乞求她的原諒，告訴她他犯了滔天大錯，因為他沒有她就快樂不起來。現在，他們幸福美滿的生活在一起，而她至少也了解到，藉著運用意志力來牢牢抓住她所想像出來的願景，是有其必要性的。

做觀想時，如果沒有夠穩定的意志力，來抑制與你觀想之事相衝突的每個想法與感覺，就會像是失去燈光的投影機一樣沒效用。

另一方面，如果你的意志已培養到足以在思考與感覺中增強你的願景，那麼用不著任何的「假如」，只要能了解到你的思想就是強大的吸引力，你的觀想必定能像放到投影機裡顯示在螢幕上的幻燈片一樣，投射到你的物質世界裡。

如果你的意志不堅定，那麼，所產生的效果，就會像從投影機兩側不斷地切換光源來投射圖片，不是模糊不清，就是完全看不到。

你必須一直用堅強穩定的意志來支持你的願景，就像幻燈片後方必須要有強烈穩定的光源一樣。

信念的強大吸引力，就是你用來創造願景的欣然保證，沒有什麼能夠抹滅它。你會比從前更快樂，因為你已經知道鼓舞你的源頭來自於何處，它對於你所給予的指引而產生的源源不絕回應，就是你的依靠。

畢竟，快樂是每個人都想追求的東西。練習運用觀想力，能讓你獲得比從前所享受的生活樂趣多更多。在你眼前展開雙臂迎接你的，是不斷產生，而且是越來越多的可能性。

曾經有位經商的人告訴我說，自從開始練習觀想，並養成習慣每天花幾分鐘時間去自由寬廣的思考，如何使事業變成自己所嚮往的樣子後，他的訂單在半年內就增加了一倍以上。

他的方法是，每天早晨用餐前先進到一個房間裡，為前一天的生意做一次心靈上的盤點，然後再詳細清算。他說，他用這種方法一再擴張，直到他的事業達到出奇成功的地步。他做這一行，每天都必須會見許多陌生人，但他同時也看到自己在辦公室裡做好每一件他想完成的事。

在他的心靈情境裡，他看到自己會晤了這些人，了解他們的需要，並且以他們希望的方式供給他們的需求。他說，這個習慣以一種幾乎連他自己也無法理解的方式運作，強化並穩固了他的意志。

還有，藉著透過心靈看到事物成為他所希望的樣子，他從中得到了信心，並能夠感覺到，為了改善他的小世界，某種創造力正在為了他、也透過他而自我發揮。

當你剛開始認真做觀想時，你也許會感覺到，別人也可以創造和你一樣的情境，這是很自然的事，雖然並不符合你的目的，但其實你一點也不需要擔心。

你只要了解，**你所想像出來的情境，是為了某種特殊目的，並且是運用宇宙創造力所做的一種練習。那麼，你就能夠確定，沒有人可以成為你的阻礙，因為宇宙的和諧定律會阻止任何阻礙的產生**。

千萬要記住，你的觀想，是宇宙心智在你身上特別發揮它固有的創始與選擇力量的結果。神，或宇宙心智，為了透過生靈來展現他的這個特殊目的而創造了人。因此所有的一切，都是透過這個完全相同的自我分化定律、為了相同的目的而存在。

首先，產生的是構想，也就是觀想或事物的原型，即事物的初始狀態。宇宙偉大的創造者，透過冥想穿越了他的相對極性（物質）而展現出來，這個想法持續擴張並投射出來，直到產生了我們所擁有的——不止一個——而是許多的世界。

許多人會問：「那為什麼還要有物質世界的存在？」答案是：「因為在宇宙力量的導引之下，原發物質會自然地具體化，就像當蠟變冷時會凝固，或像石膏曝露在空氣中會凝固變硬一樣。」

你的想像情境就是這種處於初始狀態下的物質，穿越了個體的運作中心（也就是你的心靈）而成形，而且沒有力量能夠阻止這個精神物質的結合物轉變成實質形體。完成其工作的是精神本質，而且除非它能夠為自己創造出工具，否則無法完成此一構想。**沒有什麼能阻止你的想像情境成真，除了那個使它誕生的力量——也就是你自己**。

假設你希望擁有一個更井然有序的房間，那麼就看看房間四處，整齊的構想應該包括收納盒、衣櫃、置物架、掛勾等等。因為收納盒、衣櫃、置物架和掛勾等，都是整齊的具體概念，它們是達到整齊的工具，這樣的工具使人聯想到整齊與和諧。

你的觀想，是宇宙心智在你身上特別發揮它固有的創始力量與選擇力量的結果。

Chapter 6
心靈形式與物質形式的關係

有些人覺得，去想像事物的樣子並不妥當。他們說：「那樣太物慾化。」其實，從個體的角度來看，物質形式其實是心靈上自我認知所必需的，這也表示，唯有透過心靈上的自我認知，創造過程才得以前進。因此，**物質並非一種幻象或某種不應該的東西，而是宇宙精神自我分化的必要途徑。**

然而，我並不想為了除去觀想的神祕性而將它置於合理的基礎上，然後引導你研究詳細又無聊的科學原由。

很自然地，每個人都可以用自己的方式做到觀想。我唯一的願望是，想為你指出我所知道的最簡單方法，那也是托沃指引我所走的道路。

我可以肯定的是，你最後的結論會像我一樣：與觀想有關的唯一玄奧，就是生命形成之謎，而支配它的是，一些無可改變且簡單明瞭的定律。

我們所具有的力量，都比自己所認知到的更強大，也有更多的可能性，而「觀想」就是這些力量裡最強大的其中之一，它讓我們察覺到其他的可能性。

我們如果能夠停下來稍微思考一下就能領悟，宇宙存在的根本原由，必定是宇宙心智的實現，它「將所有個體的心智結集成某種定律，並由此產生所有的現實，且無任何虛幻假象」。

如果你能接納托沃的這種思想，並且不帶偏見的思考它、研究它，你一定可以領悟，具體的物質形式對創造過程來說，是絕對必要的，以及「物質並非假象，而是生命自我分化的一條必經管道」。

如果你從物質正確的秩序上來思考它，即相對於精神的另一極，那麼，你就不會在物質與精神之間看到任何敵對力量。相反的，這兩者合而為一時，就能構成一個和諧的整體。當你了解到這一點，在你練習觀想時，你便會覺得自己正由因走到果，從開始走到結束。在現實中，你的心靈情境是原發精神特殊化運作的結果。

一個人可以花幾小時談論純粹的科學理論，來證明如同托沃所說的：「宇宙裡遍佈著形成太陽系的原料。不過研究顯示，雖然天空中散佈著數百萬顆星星，但仍有些地方是沒有任何宇宙活動跡象的。確實如此，一定是有什麼東西在某個地方展開了宇宙活動，而它卻略過了其他有太陽系原料的地方。一個人在剛開始思索時，也許會把宇宙能量的發展歸因於乙太粒子（etheric particles）。但經過對媒介的研究後，我們發現這是不可能的，因為這種媒介均勻的分佈在太空裡，而且所有粒子的力量都相等，所以沒有任何一個粒子會比其他粒子擁有更大的原發性動力（originating motion）。因此我們發現，儘管是透過粒子、並且在這個主要的物質裡運作，但最初的運動並不是由粒子本身所推動的，而是一種我們稱之為『精神』的東西。」（譯註：這裡說的原料，應是指「乙太」，乙太是古代以至於近代的宇宙理論，但已被現代的科學理論拋棄。作者在此提出乙太的用意，是要證明宇宙精神的存在——雖然乙太是形成太陽系的物質，而且無所不在，但它的最初卻要靠宇宙精神來推動。）

這種使宇宙物質存在的力量，也能使你的個人思想或觀想變成實質的形式。在那種力量裡，沒有差異性的存在，唯一的差異是程度的不同。力量與物質，這兩者是相同的，只有在創造出你的心靈圖像時，這種力量才會將它的創造能量從普遍性轉變為特定性，並且在一個特定的中心點——也就是你的心靈裡——不斷的運作。

Chapter 7
運用你的觀想

一個大型的電信系統，正好可以用來比喻這種運作。利用幹線，總部將自己分割成好幾個分支，每個分支與總部都可以保持直接的聯繫，而且每個分支都認得自己的源頭，會向總部報告一切事情。因此，每當有任何在性質上需要協助的地方：新的補給、難以修復的工作等等，需要協助的分支便會立刻向總部求救。

電信系統的分支不會把自己的困境（或成功）歸因於總部，儘管它們屬於同一個機構。這些不同的分支知道，解決任何困難的援手必定來自於總部，而這個總部就是創造它們的源頭，也是它們一直依附的對象。

同理，我們是宇宙心智的各別分支，如果我們以同樣堅信的態度，將自己的困境上報給創造的源頭，然後使用它所提供的救濟方法，那麼，我們就能了解耶穌所說「如今你們求，就必得著」的意思。

我們的每一項需求都能被滿足，如同做父親的當然會給孩子供給，樹幹也必定會提供它的分枝所有需求。

曾有個人憂心忡忡的來找我，說他快要失去在南部的房子了。照他自己的說法是，他的房子已經被完全抵押借貸，而他的債權人即將取消他的贖回權。那是他出生的房子，伴著他一路成長到成年時期，一想到會失去那棟房子，他的內心就充滿了悲傷。不只是因為錢的關係，同時也是因為情感上的牽絆。

我跟他說，今天會有這個結果，正是那個使他得以存在的力量，透過他來展現其無限的供給能力。

我還告訴他，世界上沒有任何一種力量能夠切斷他與自己起源的連繫，除了他自己的意識——在現實中，他是無法切斷這種連繫的。

我告訴他，他擁有那種力量，只是無法看清這個事實。我還跟他說：「無限的本質現在就展現在你身上。」（譯註：這是指他必須觀想自己與房子的連結關係不會被切斷。）

一週之後的星期天，當時我在塞爾文歌劇院，正要走出更衣間準備做下午的心靈講授時，我收到了以下訊息：

「親愛的貝倫德女士：

我想讓你知道，我現在是全紐約市最快樂的人。我在南部的房子被保留了下來，金援來得猶如奇蹟，我打電報就是為了告訴你我已償清貸款。請告知下午聽課的那些人這個神奇的力量。」

我確實說了。我向那些人解釋，每個有生命或無生命的東西，都是因一種隱晦其身的力量而變得存在或鮮明。創造心靈願景的力量（用來勾勒出你的願望的開創性精神物質）本身是隱晦的。它（那個力量）將自身的本質投射出去，形成一種具體化複本，但它仍是無形的。能夠體會觀想價值的人，就能領悟保羅的這番話：「**神的良言創造了世界，有形的事物並非由看得見的東西所構成。**」

你所勾勒的願望變成具體事實，這並不是什麼不尋常或神祕的事，因為這是宇宙自然法則運行的結果，而世界是宇宙心靈自我沉思後投射出來的結果。同樣的，這種投射作用也發生在它的分支上——也就是人的心靈。

全世界的每一種東西，從你頭上的帽子到你腳上的鞋子，都是從心靈開始的，然後以同樣的方式變得存在。一切都是被投射出來的思想，然後思想變得具體化。

你個人在演化上的進步，取決於能否正確運用觀想的力量，而你能否正確運用這份力量，則取決於是否能看清自己就是一個特殊的中心思想，而且在這個中心思想裡，創造性精神發現到更新的表現方式，可用來闡明早已存在其自身中的潛力，這就是進化。

你的觀想是一種吸引的力量，這種力量會進化，並且結合原發性物質而形成具體的外觀。用一種創意的方法來說，你的觀想是具連結性與進化力的發電所，透過這個發電所，原發性的創造精神得以表達自我。它的創造性活動是無可限量的，沒有開始，也沒有結束，總是在秩序中持續進步。「它按部就班的前進，每一個階段都是為了下一個階段所做的必要準備。」

現在讓我們來看看，我們是不是對世間萬物所賴以形成的各個不同階段可以有所了解。

托沃說過：「如果能夠領悟到使這些結果產生的運作原理，就能輕而易舉的做為個人應用。首先，我們發現，最初生命（也就是宇宙精神）對自己的思索，便是認知到自己的存在，而由於它的存在需要與某事物產生某種關係，所以進而產生了原始乙太，那是一種宇宙物質，世界上的所有事物必定都是從此物質發展而來。」

托沃還告訴我們：「雖然這種對於存在的體認，是任何進一步可能性的必要基礎，但並沒有太多理論可以說明。」個體化精神（也就是你）也是一樣。

「用觀想勾勒你的願望，然後將它全部付諸實踐」，在你能夠對這個想法運用自如之前，你必須對你的存在、你的「自我」要稍微有點兒概念。一旦意識到你的「自我」，你便會開始去享受因這層領悟而得到的自由，你會想做更多事，並且更投入於做自己。

當你實現這個內心的欲望時，宇宙的部分精神就會在你的內心展開意識活動。你會更關心宇宙創造性精神的特殊活動，也就是宇宙心智的特殊化作用。你內在的「神源」（God-germ）就是你的性格、你的個性，由於擁有絕對自由喜悅的固有本質，因此很自然的，宇宙的創造性精神會透過其特殊化核心（specific center），來充分享受自我。

而你將越來越能了解到，你的存在和你的個性，是神將自己特殊化的結果，因此你會自然地發展出神性。你希望享受生活和自由，你希望在個人事務和意識上都能得到自由，而這是你本來就該有的天性（譯註：這裡是在說明人要知道自己的源頭。如同後文所說的，當你慢慢了解自己是誰、你從哪裡來、你存在的目的為何，以及你要如何實現心中的目的時，你就會成為一個日趨完美的核心）。

願望逐漸成形後，心裡必定會浮現出一個隱約的願景。當你的願望和認知慢慢變成強烈的欲望時，這個欲望就會化為一幅清晰的心靈願景。舉例來說，一名學音樂的年輕女孩希望擁有一台鋼琴，好讓她在家裡練習。她想要鋼琴的念頭，強烈到她甚至能在腦海裡看到房間裡有一台鋼琴，她一直維持對鋼琴的這種觀想，並且沉浸於心靈所反映出來的愉悅，並有客廳一角將會有台鋼琴的正面思想。然後有一天，她會發現那台鋼琴就在那兒，就跟她想像中的一模一樣。

當你慢慢了解自己是誰、你從哪裡來、你存在的目的為何，以及你要如何實現心中的目的時，你就會成為一個日趨完美的核心，而透過這個核心，宇宙的創造性精神才能享受自我。然後你會領悟，無所不在的創造性過程只可能有一種，這跟它（創造性過程）無論是在宇宙上或個體上的潛在性是一樣的——獨一無二。

此外，無論在有形或無形的層面，所有的一切，在特定的思想行為（也就是觀想）上，都有其源頭。這也包括你自己，因為你具有宇宙精神，所以同樣的，創造作用也會透過你而產生。

現在，你一定會問自己，為什麼世界上有那麼多的疾病和痛苦？如果在人的心靈中運作的，是促使世界產生同一個力量和智慧，那麼，為什麼它不展現出歡樂、健康和富足的一面？如果只靠觀想和意志的堅持就能實現一個人的欲望，卻不用在現實層面上做任何能使願望實現的必要努力，那麼疾病與貧窮的存在似乎就毫無道理可言，因為沒有人希望這兩者的存在。

首先的理由是，幾乎沒有人會特地去探究生命法則的運作原理。如果有人這麼做，他們會很快的確信，我們眼中的疾病和貧窮不盡然存在，他們會了解，觀想是一種原理，而非謬論。

只有少數人發現，研究這個歷久不衰、簡單明瞭的法則是很值得的，因為這會使他們從奴役中獲得解放。

但是，幾乎所有的人類都不願意花必要的時間去研究學習這個法則。它們不是太簡單，就是太難。人們只需要花一、兩天時間懂一點觀想的原理（但往往一個小時左右即可），就知道如何在心中為自己的欲望創造出一個願景。

如果你能持續不懈的用觀想去看自己周遭的事物和環境，呈現出你所希望的樣子，你會了解，創造性能量會把它的本質推向你心思所趨之處，這就是你一直維持觀想的好處。

有位在紐澤西州從事五金生意的男士，某天憂愁不已的來找我。除非在兩週內有奇蹟發生，否則他就要破產了。

他說，他從沒聽過運用觀想的說法。我向他解釋，如何創造一個生意蒸蒸日上的心靈願景，而不要只想著會失去他的事業。

大約過了一個月，他神采飛揚的回來找我，告訴我他成功了。他說：「我所有債務都已還清，而且我的店也備滿要出的貨。」他的事業自此有了穩固的基礎，能看到他這麼有信心，真的太好了。

你能在願景裡注入越多熱忱和信念，它就能越快轉化成可見的形式，但請不要向人透露你的欲望，這樣將更能增加你的熱忱。你若向任何人說得越多，你的力量就會越薄弱。你的力量——也就是你的吸引力——若不夠強大，就無法伸展得太遠。**隱藏在你心靈與外在自我之間的祕密被看守得越緊密，你的吸引力就能得到越多的生命力。**一個人說出他的煩惱，是為了使它變得薄弱，好將它拋到九霄雲外；所以，當你的想法被說出來時，它的力量就消散了。你可以把祕密不斷的告訴自己，甚至寫下來，然後毀掉那張紙。

不過，這並不表示你應該頑強的迫使那種力量依照你的特殊需求，創造出你認為應該是某種樣子的願景。這種方法會很快的令你精疲力竭，並且阻礙你實現目標。也就是說，不見得你非得死了一個有錢的親戚，或有人在路上掉了一大筆錢，才能實現你獲得一萬美元的心靈願景。

我住所大樓的其中一個門房，從許多由我家大門出來的訪客口中聽到他們對欲望的觀想，他們平均的欲望是五百美元。而他認為，五美元對他來說就已足夠，然後他開始做觀想，但對於從哪兒和如何得到這筆錢，他根本一無所知。

有一天，我飼養的鸚鵡飛出窗外，我打電話到中庭請人幫我抓住牠。有人抓到牠了，但牠會咬那人的手指。我剛提到的門房戴著手套，不怕被咬，於是抓住牠，然後把牠帶到我面前。我給了他五張一美元的鈔票，以答謝他的服務。這個突如其來的獎賞讓他又驚又喜，他熱切的告訴我說，他一直想像著得到五美元，只因為聽到了別人觀想的故事，他很開心他的心靈願景意外的實現了。

你所需要做的，就是用你心中的欲望去創造一個心靈願景，然後用你的意志，愉快且適切的把握住它，並時時提醒自己，促使宇宙產生的無限力量，就是為了透過你、在你身上能使它享受自我的目的，而使你變得存在的同一個力量。再者，由於它就是所有的生命、愛、光亮、力量、和平、美麗和歡樂，也是唯一的創造力，它要用什麼樣的方式透過你，完全取決於你的思想所給予的方向。在穿越時，它為了自我散布的目的而創造了工具——也就是你；同時，也在等著接受任何你所授予的方向。

使你能夠將思想從某種形式轉變成另一種形式的，就是這個力量。這個力量積極主動，它是為每個思想中未成形物質提供方向的個體化宇宙力量，也是改變你心靈的力量。透過觀想，來賦予這個高度敏感物質形成任何你想要的形式，是最簡單不過的事。只要花一點點功夫，任何人都能夠做到。

一旦你真的相信你的心靈是重要的核心，那麼世界上的所有未成形物質，都會透過這個核心而初具雛形。

你的願景沒能每次實現的唯一原因，是你讓某種反抗性的東西干擾了基礎原理。這種毀滅性的元素，往往是由於你太常改變你的願景之故。然而，經過太多這類的改變後，你才會覺得，最初的欲望才是你所嚮往的。

根據這個結論，你可能會開始納悶，為什麼你的觀想一開始就沒有實現？

你運用心靈去處理的物質，比最敏感的底片還要敏感。在拍照時，如果你突然想起這張底片已經用來拍過另一張照片，你就不會期待這張照片洗出來的效果會很好。換個情況，你也許在無意間用同一張底片拍了兩次照片，而當照片洗好，你看到影像時，並不會怪罪於攝影技巧不好，也不會奇怪為什麼照片效果那麼差。

因為你知道可以怎麼做：只要重新開始，放入新的底片，然後決定下次拍照時要更加小心。假如能整理出這樣的做事方針，你一定能拍出令人滿意的照片。

如果你能用同樣的處理方法來創造心靈願景，用同樣的信心來做事，所得到的結果將會一樣完美。觀想的法則，就跟駕馭攝影技術的法則一樣萬無一失。事實上，攝影技術正是使無形的東西具象化的結果。

你利用觀想來實現欲望的結果，也許是不完美的；你可能認為實現你的欲望需視某些人或某些情況來決定，因而誤用這個力量，進而導致你的欲望延後實現。原發性的原理不會在任何情況下取決於任何人、任何地方或任何事物。它沒有過去，也不能預知未來，唯一的法則是——原發的生命創造性原理，就是「此處即宇宙、現在即永恆」。它為自己創造工具，並利用這些工具來運作，因此，過去的經驗不會加諸在你現在的願景之上。所以，不要嘗試利用對它而言不自然的管道，來現實你的欲望，即使在你看來是合理的。

你的感覺應該是（或你應該要察覺到），自己很渴望要一個東西是正常的，也是自然的，那是你的一部分，而且是你發展自我的一種方法。如果你能做到這一點，就沒有任何力量能夠阻止你去享受實現心靈願景的快樂，或享受任何你可能創造的願景的快樂。

Chapter 8
如何形成一個願景

許多人已經能夠領悟「觀想對一個人來說，是具有強大意志力的阿拉丁神燈」。法國將軍福煦（Ferdinand Foch）表示，在一八七〇年的普法戰爭期間，他的情緒非常義憤激動，那種感覺，強烈到他能在想像中看到自己領導法國軍隊戰勝德軍。他說，他會創造一個願景，抽著菸斗，然後等待。

這個觀想的結果，我們都很熟悉。

之前有位著名的女演員，在一個極有影響力的假日週報上寫了一篇很長的文章，描述她如何以不斷看到自己理想身材的方式，減去過多的體重。

我在紐約授課的時候，曾收到一封很有趣的信，是一位醫師夫人寫的。她一開頭便表示，希望我永遠不要中斷關於觀想的授課，因為那些課程能幫助人們了解一個美好的事實──他們本身就具有解放自我的工具。

她介紹了自己的身世，說她出生於紐約東區最貧窮的地方，打從還是個小女孩時，就懷著有一天能嫁給一位心理醫師的美夢，而這個夢想逐漸形成一個固定的心靈願景。她的第一份工作是在一名心理醫師家裡做女傭，離開那個地方後，她進到另一名醫師家裡。然後，她僱主的妻子去世了，那名醫師娶了她——長年的憧憬有了結果。

後來，她和她的先生共同懷抱著一個夢想，他們希望在南方擁有一片果園。他們讓這個想法形成一個心靈願景，然後將他們的信念注入到它的最終結果上。她給我的那封信，就是從他們在南方的果園寄來的，她的第二個心靈願景也有了具體結果。

每天我都會收到許多類似的信件，以下是一九二〇年《紐約先驅報》所刊載的案例：

亞特蘭大城，五月五日——她是一名老婦人，今日當她因違警罪被法庭傳喚、送到克萊倫斯・葛登柏格（Judge Clarence Goldenberg）法官面前時，她虛弱到幾乎站不住。法官向法警詢問她的罪名。

「庭上，她偷竊牛奶，」法警回答：「今天早晨天亮之前，她從市區一家農舍的門階上拿了一瓶牛奶。」

「你為什麼這麼做？」葛登柏格法官問老婦人。

「我肚子好餓。」老婦人回答。

「唔，你現在並不怎麼富裕，但從此你也不再窮困。我花了好幾個月的時間找你，你分得一名親戚的不動產的五百美元所有權，我正好是那個不動產的遺囑執行人。」

葛登柏格法官從自己的口袋掏出錢幫老婦人支付罰金，然後護送她到他的辦公室，把她分得的遺產移交給她，再派一位警察幫她找住的地方。

後來我聽說那位老婦人其實一直渴望、並且在心裡想像獲得五百美元，但又不曉得這些錢要怎麼來。可是，她不斷維持這個願景，並且用自己的信念去強化它。

在某一期的《好管家雜誌》（*Good Housekeeping*）裡，艾丁頓．布魯斯

（Addington Bruce）寫了一篇文章，篇名是「堅定你的心靈骨氣」。那篇文章很具啟發性，任何人讀了都能從中獲益。我引述他部分的話：

「養成這樣的習慣——每天好好花一點時間，運用想像力去廣泛、深入地思考你的工作，無論對你個人或從為社會服務的角度來看，這都是極重要的。」

鐵路巨擘詹姆斯・希爾（James J. Hill）在展開橫跨美國東西岸鐵路建設前曾經說過，在舖設鐵路前，他就在那條路線上來回遊歷了數百趟。據說，他會坐下來花好幾小時盯著手上的美國地圖，並且在腦海裡遊歷於兩岸之間，就跟我們現在利用他所實現的願景所做的一樣。如果你留意，你會看到千百則類似的案例。

想像你所渴望的東西，這個方法既簡單又愉快，一旦你了解它背後的原理，你就有足以相信它的理由。比任何一點都重要的是，你要確定自己想要什麼，然後依照下一章所教授的方法，來將你的欲望特殊化。

每天好好花一點時間，運用想像力去廣泛、深入地思考你的工作，無論對你個人或從為社會服務的角度來看，這都是極重要的。

Chapter 9
讓你形成觀想的暗示啟發

也許你希望感覺到自己是為了某種目的而活著；你想要滿足和快樂，而你覺得良好的健康和成功的事業會帶給你滿足。

在你篤定這就是你所嚮往的目標之後，你就要開始想像自己擁有良好的健康，你的事業也如你合理預期的走向成功之路。

創造明確願景的最佳時機，是在早晨用餐前和晚上入睡前。由於必須給自己充分的時間，所以你也許需要比平常早起。你需要一間不會受到干擾的房間，花點時間沉思觀想法則的實際運作方式，然後問問自己：「我的這些想法是怎麼開始的？我要怎樣才能夠更迅速的觸及我的無形支援？」

有些人覺得，坐在椅子上比在地板上更能令人感到舒適，所以一開始需要一張椅子幫忙放鬆，但如此一來，便會產生對椅子的憧憬，同樣的原理也適用於穿戴的帽子和衣服。所以，要仔細思考事情背後的原理，把它構築成個人經驗，讓它成為在意識中能夠察覺到的事實。

然後打開一扇窗，做十次深呼吸，同時在想像中畫一個包圍你的大光圈。當你吸氣時（你要保持在光圈的中央位置），你會看到以你的心窩作為中心點的圓圈發散出光芒來，並且看到自己整個人都沒入到光芒裡。

在以你的身體為中心點的這個位置（心窩）摒住呼吸一陣子，然後慢慢呼氣。當你這麼做時，你在腦海裡將看到光芒從體內升起，然後下降，並從腳底洩出。在腦海裡用這個想像的光芒灑遍全身。

結束呼吸練習後，坐到一張舒適的靠背椅上，在心裡告訴自己，這個世界只有一種生命、一種物質，而這個普遍的生命物質，正在你的內心尋找自我認同所帶來的愉悅。

重複諸如此類的主張，直到你感受到自己所宣示的話中的真實性和激發力，然後開始勾勒描繪出你的願景。如果你很投入，你會發現自己已經到達思想力量下的深層意識中。

無論你的欲望在程度上只是一種感覺，或想要擁有，也無論你的欲望大或小，都要從開始做起。假設你想要一棟房子，就以在心靈裡看見所嚮往的那種房子作為開端。透徹的想像一下，注意每個房間的樣子、窗戶的位置，以及其他有助於你感受到想像的真實性細節。你可以改變一些家具的擺設，並且照照鏡子，看看自己有多健康、富足與快樂。

一遍又一遍地檢視自己所勾勒的願景，直到你感受到它的真實性，然後記下全部的內容，就如你親眼所見一般，還要用這樣的感覺去感受：

「我的一切就是最美好的事物。沒有極限，因為我的心靈是天道運行的中心。」

最後，你的想像必定在你的物質世界裡成真，如同太陽必定會發出光芒一樣。

Chapter 10
創造新情境時所需牢記的事

1. 清楚的知道你想要創造什麼樣的情境，然後仔細評量，將來當願望達成時，會導致什麼樣的結果。

2. 藉著思索心靈願景，你能夠把宇宙精神的創造作用集中到這個中心點（指心靈願景）上，而在這個中心點的各種創造力量是均衡的。

3. 運用觀想，將你的客觀理智置於平靜的境界，這能夠讓你專注於導引心流到一個明確可辨的目的上，然後小心的守護思緒，包括不受到心流逆向的衝擊。

4. 你在處理的是一種了不起的潛在能量，它尚未分化成任何特殊的形式，而透過心靈活動，你可以將它分化成任何你想要的特定形式。你的想像能幫助你集中精神，使你專注於眼前創造性能量的流入。還有，你要透過觀想，讓這個敏感的創造性力量依你所想的方向前進，如此，你才能確定你的願景能夠實現。

5. 記住，當你做觀想所用的方法適切時，根本不用費力去穩住你的思想形式。耗費力氣只會使你的目標潰敗，並且使你的意識得到暗示，指出有一個逆向的力量要去抵抗，而這會創造出一些不利於你願景的情況。

6. 將你的願景置於一個愉悅的心靈情境當中，如此，你才能把所有可能驅散或消除願景的精神核心思想隔絕在外。因為法則本身的作用是具創造性的，所以你所勾勒出來的欲望必將實現。

7. 在你創造心靈願景時，那些尚未分化（特殊化）的物質和能量，會決定它們的性質，但創造心靈願景不是去安排實現願景的特定環境（具體化），因為那是創造性力量本身的工作。如果你准許，它會以極自然的方式建立起它自己的表達形式，並且省去你一大堆不必要的擔憂。你真正嚮往的，是往某個方向的擴張，無論是健康或財富等諸如此類的東西，而且只要你能得到它（假如能堅定你的想像，你一定會得到），無論是透過什麼你認為可以仰賴的管道，或透過什麼其他你不知道但存在的方法而達成，又有什麼關係呢？你所要做的是，為了某個特殊目的而將某種特殊能量聚集起來。牢牢記住這點，然後讓具體細節自己去運作，而且絕對不要向任何人提起你正在做的事。

時時謹記：「大自然，從她清晰可見的外表，到她最神祕的深處，就是一個一個儲存光明與良善的諾大倉庫，完全歸你個人使用。」當你的意識與大整體統一協調，就是成功的祕訣。

一旦你揣摩出這個道理，你就能隨心所欲的享受擁有它的全部或一部分的樂趣，因為你透過認知而創造了它，並且使它逐漸成為你的所有。

切莫忘記，所有物質性的東西，無論對你有利或不利，在它成為一件東西之前，都是一種持續性的思維。

正是思維，而且由於它是思維，所以無所謂好壞，它是一種創造作用，並且最後必定會形成具體的形式。因此，你所思索的想法，才會成為你所擁有或未能擁有的東西。

有位男士告訴我，他多麼渴望娶某位妙齡女子，但他覺得自己沒有足夠的能力，因為他薪資低，工作又不穩定。我說了些話來表達對他無比的肯定與支持，並解釋真愛不敗的道理。

「那是你要享受的樂趣，運用觀想去看見你在你們兩人都嚮往的家庭裡。做好你的部分，繼續愛那女孩，並且絕對相信你心中所嚮往的生活與愛情。」

幾個月後，他們兩人一起來到我的研究室，臉上洋溢著幸福。我知道他們結婚了，那位太太跟我說：「親愛的貝倫德女士，我們很快樂，因為我們現在知道如何運用思維的力量，並且凝聚意念在我們所嚮往的一切之上。」

所以，做你自己就好，並用你與生俱來的性格享受人生。別害怕做你真實的自己，因為你所嚮往的一切，也在等待著你。

大自然，從她清晰可見的外表，到她最神祕的深處，就是一個一個儲存光明與良善的諸大倉庫，完全歸你個人使用。

PART 3
開展你的無形力量

Chapter 11
如何展現語言的力量

在你使用的每一個言詞裡，都有一個力量根源，它會擴張，並且投射在你話語中所暗示的方向上，然後發展成物質性的表現。舉例來說，你想獲得快樂的感覺，你就要在私底下不斷的、熱切的在言語中重複「快樂」一詞。

重複快樂一詞，會建立一個共鳴特點，引發快樂的根源開始萌芽、成長，然後呈現出它的特性，直到你整個人充滿了快樂的感覺。這不是異想天開，而是事實。一旦你體驗過這種力量，你會在日常生活中得到驗證——不是為了配合理論而杜撰出這些事實，而是在仔細觀察過這些事實後，才創立了理論。

大家都知道，快樂來自於自己的內心，沒有人能夠給你快樂。也許有人可以給你快樂的來源，但沒有人能夠幫你快樂。快樂是意識的一種狀態，而意識就是純粹的心智。

托沃說：「**心智機能必定是在某種能夠刺激它們的東西下運作，而這種刺激也許源自於外在，透過外在感官而感知，或源自於內在意識，意識到生理層面無法感知的某種東西。認知到這種內在刺激的來源，可以讓你將意識帶到任何所嚮往的狀態**

中。一旦一件事在你看來是恰當的，它便屬於你——透過成長與吸引的定律——就像你學過使用數字後，必定懂得加法般肯定。」

這種重複言詞的方法，讓言詞中無遠弗屆的深意歸屬於你，因為言詞把思想具體化了，而思想是具創造性的，無所謂好或壞，這就是信念帶來強大，而恐懼帶來毀滅的原因。「**唯有相信，所有事物對你而言才有可能性。**」

賦予你在每件事情或環境上反敗為勝的力量是——信念。是你對信念的表達，讓你不受拘束，這裡指的並不是對任何特定事物或行為的信念，而是相信自己在各方面最好的自我。正是這種隱藏在言詞核心永恆不朽的創造性力量，能讓你健康、讓你心靈平靜，並使你的財務狀況呈現出你所思索並期待的結果。

試著相信並了解這一點，你會發現，自己能夠掌控每種逆境，因為你將會成為力量的主人。

重複快樂一詞，會建立一個共鳴特點，引發快樂的根源開始萌芽、成長，然後呈現出它的特性，直到你整個人充滿了快樂的感覺

Chapter 12
如何提升你的信念

或許你會問：「當我信念薄弱，甚至沒有信念時，我要怎麼說出含有信念的話語呢？」每個人都會對某件事或某個人抱持信念，**信念是力量的表現，這種力量為創造性能量提供了相應的生命力，而這種生命力在你用於信念的言詞中，就會導致那個言詞形成具體的物質形式**。

即便是極度的恐懼，也因信念而壯大。你害怕疾病，那是因為你相信你可能會接觸到它；你害怕貧窮和孤單，那是因為你相信你可能會變成那樣。

有信念才能了解，每個創造物都是在思想言詞的孕育之下產生，是信念給予了支配一切的力量，也包括你的「小我」，這種對於信念的感覺，會經由觀察到信念的力量而強烈提升。而你對事情的觀察見解，應出自於你行為時的意識狀態，而非出自於當你希望能夠做到，卻又害怕它太美好、好到不可能成真時的意識狀態。

當你必須讓自己進入一個較好的心靈和行為狀態時，或你必須擁有某種東西並且得到它時，你有什麼樣的感覺？一遍又一遍的重現這些經驗——在心靈裡——直到你真的感覺到與知行合一的自我有所接觸，然後最美好的事物就會屬於你。

Chapter 13
提升信念的報酬

「達到最好的自己」這個欲望，將你的信念擴展成從不失靈的宇宙信念，並且使你領悟到，你並非宇宙間的受難者，而是它的一部分。

最後你將認清，你的內在有某種力量，能夠使你與宇宙定律產生有意識的接觸，使你能在需要時借用所有特殊的自然定律——無論有形的或無形的——然後運用在你特定的需求或欲望上。

所以，你會發現，自己在任何情況下都是主人，而非奴隸。托沃告訴我們，這種主導權需有知識相伴，而唯一有能力從浩瀚無垠的領域中讓你達成這個目標的知識，是宇宙精神中包含個人元素的知識。他也告訴我們，這種知識對於我們的性格具有互惠作用，換句話說，你所想的話語、你希望擁有的性格，都是上帝縮影的重現，「或特殊化的宇宙精神」。你所有的言詞思想，在它們成為你的之前，都是上帝的言詞表現。

你所使用的言詞便是工具（管道），透過這種工具，創造性的能量才得以成形。自然的，這種敏感的創造性力量，只能在與它所穿越的工具一致時才有生產力。

所有的失望和失敗，都是「竭力想著一件事，卻造成另一件事」的結果所致。這就像以電風扇來達到照明的效果，或水以直線流經彎曲的管線一樣，是不可能的。水在流過水管時，必定會隨著水管的樣子而形成其形體，而對這種敏感、無形的創造性能量來說，更是如此，它必須靠所穿越的思想言詞來形成外在的形體。這就是它的自然定律，也因此能合理的推斷出「人是其思想的結果」的道理。

因此，當你的思想或言詞與宇宙定律的永恆建設性與前進運動一致時，你的心靈就是一面鏡子，宇宙的無限力量和才智將從中看到它自己的重現，而你的個體生命，也會變成和諧共同體的一分子。

自己在任何情況下都是主人，而非奴隸。

Chapter 14
如何讓自然回應你

有一個觀念你要牢牢記住，那就是，在所有的自然和空間裡，都有一種創造性和無限敏感及回應性的才智與力量。

它的回應性有兩個層面：一個是具創造性，另一個是能順應暗示。一旦人的理解力能夠掌握這個極重要的事實，生命定律用以滿足你的每項需求，就能夠實現。

現在，必須了解的是，你的心靈是天道運作的中心，其內在必定包含了接受暗示啟發的能力，並期望一切生命都能回應你的召喚。然後你會發現，可能實現你的渴望的暗示正向你而來，它們不只來自於你的同胞，也來自於花朵、小草、樹木和石頭等能夠促使你實現心中願望的東西，假如你能在物質層面上，有信心地依照它們所給予的暗示而行事的話。

「缺乏力行的信念是死的」，而伴以力行的信念，才能讓你獲得絕對的自由！

Chapter 15
讓信念與願望力行實現

據說，澳洲富豪泰森（Tyson）在做一天三先令的花圃工人時，他看到了一朵小小的紫羅蘭，當時心裡便產生了一個聯想——「讓澳洲沙漠的不毛之地，綻放出像玫瑰一樣美麗的花朵」。

他發現這種可愛小巧的紫羅蘭，生長在樹林中的某些地方，而這種小花的某種神祕力量，觸動了泰森心靈中關於紫羅蘭的什麼。

夜晚，他坐在簡陋小床的床沿，思索著該如何才能讓花和蔬菜等植物在澳洲的沙漠中展現生命。

毫無疑問的，他領悟到，需要花很久的時間存錢，才能在沙漠裡建設灌溉的渠道。但是他的想法和感覺使他確信，那是可以達成的事情，而既然是可以達成的事情，他就能夠做到。

能把握住這個想法的，是他內心的力量。那麼，在那個想法裡，必定也有一個能夠把它化為實際物質形式的對應力量。

對於能夠用來將他的渴望變成實質形式的具體方法和工具，他毅然決然地撇開所有相關的質疑，只是把他的思緒專注在築籬笆，和看見當時還不存在的花花草草的想法上。

由於具轉化能力的創造性力量，其回應性並不限於任何局部的心靈情境，所以一個人慣常的沉思和觀想，都會使他的想法能無拘無束的悠遊在無限之中，並且啟發其他與本質類似的想法。

因此，泰森不必等到從每天三先令中存夠了錢，才能灌溉沙漠，才能看到自己的想法和願望成真。因為他的這個想法，會在資金的範疇中找到其他想法，而那些想法會自己找出共鳴的頻率，然後資金的大門很快就被開啟了。

所有的慈善機構都是秉持著對生命抱持熱忱的原則，才能夠維持下去，若不是如此，就沒有人在乎付出，而只是因為有人需要才給予。

供需定律和因果定律，是絕不可能被打破的。想法之間有物以類聚的特性，有時想法來自於一朵花、一本書，或源自於無形的東西。你專心致志於一個方法和工具都還不成熟的想法時，會見到另一個想法接著出現，天曉得它打哪兒來？但它就是與你的想法正好契合。一個想法吸引另一個想法，如此反覆下去，直到你的願望有了具體的形式。

你也許覺得有需要改善財務狀況，然後想著要如何才會發生讓收入增加的事情，此時，就像突然從這個想法之中迸出來一樣，你領悟到，一切（包括金錢）都從思想中產生，然後你的想法扭轉了局勢。你只要堅持這個主張或宣示——所有最好的一切，都將屬於你。

既然你能以直覺為工具而領悟無限的概念，你也必然十分清楚，這個想法會對自己有所回應。那麼，就讓你的心靈盤據在那個想法上吧！當你抑制住所有懷疑和焦慮的念頭，將使可靠的想法得以穩固，並且把「我可以」和「我將會」的一些想法吸引過來，而這些想法便逐漸將你心靈中的願望變成實際的物質形式。

有意識地運用宇宙力量，將你的願望轉化成物質形式，應牢記以下三大要素：

1. 創造性的力量無所不在。

2. 這個創造性的力量是能順應暗示的。

3. 它只能藉由演繹法而運作（譯註：這是指這個過程是一步一步演變出來的，就作者在本書所舉的實例中，所有願望的達成，都是在當事人強烈的信念下，經過一段時間的孕釀才能實現）。

如同托沃告訴我們的，最後一項是極重要的一點，因為永恆不朽的創造性力量，其作用絕不受前例所限制。它是依據創造性生命原理的精神本質而運作，換言之，這個宇宙力量是從你給予它的言詞中獲得創造方向的。

一旦人領悟到這個偉大的真理，由這個敏感、具轉化能力的力量所賦予的性格，就會變成他所考量之事中最重要的因素。這就是創造性生命原理的不變定律：「人是其思想的結果」。

如果你能領悟這個真理——創造性力量只在你感覺和希望它成為什麼時，它才會變成你想要的——這個力量才能順應並滿足你的需求。

托沃說：「**如果你認為你的思想具有力量，那麼你的思想就具有力量。**」

你即自己思想的結果——這是生命的定律，而且創造性力量不能改變這個定律的一絲一毫，就像普通的鏡子不能反映出不同於你在鏡子前拿的東西的影像一樣。

「你即自己思想的結果」，這句話的意思並不是指「你的為人是你告訴別人你所想的那樣」，或者「你希望世人相信你所想的那樣」；這句話代表了你最深處的思想，那是除了你以外，沒有人知道的地方。也就是說，**最清楚個人為人的，是他的心靈；而最清楚個人心靈的，是他自己**。

直到你的想法成為具體事實，並且顯露在你體內、大腦或活動之前，只有具轉化能力的宇宙創造性精神知道你的想法。接著，你所接觸到的每個人也許會知道，因為天父，那個在暗處聽到你最隱密思想的智慧創造性能量，會在明處將你的思想轉化為實質形式來獎賞你。

「你即自己思想的結果」這句話你應時時銘記於心，這需要永不停息的守護與祈禱，一旦你覺得實際上沒有達到標準時，就祈禱。

Chapter 16
如何禱告或提問，相信你已有所得

科學思考：實際應用的建議

試著透過謹慎、正面、熱情的思想，去領悟無所不在、無法言喻、無形的生命本質，去領悟這個本質是具有智慧、尚未分化的物質。

清晨五點鐘是做這種沉思的最佳時刻。

如果在未來一個月的時間裡，你每晚都提前上床，並且在入睡前，讓你的主觀心智牢牢記住這個宣示：「**我的天父是全世界的統治者，正透過我來傳達他的主導力量。**」你會發現，生命本質在你的思想鑄模中正逐步成形。不要因為有人提出以上這個暗示，你就接受它，而是要好好的思索，直到你在潛意識裡領悟了這個觀念。

每天早晨起床時，如之前所建議的五點鐘，找一個安靜的房間，坐在直背椅上，接著，仔細思考前一晚決定的事，然後你會領悟到，你能夠以領悟力將所擁有的王者般力量，實踐至某種最起碼的程度，你的心靈確實是所有創造性能量和力量穿越的中心，以及形成的中心。

科學禱告：科學禱告的基礎原理

在為自己或別人祈禱改變一個狀況時，無論是在生理、心理或經濟方面，都要謹記，禱告回應的基礎要件，是必須了解以下的科學主張：

「提出要求時，相信你已有所得，那麼你必有所得。」

這並不像表面那麼難，一旦你領悟到：

- 一切在內心皆有起源，你向外追尋的東西，其實已經擁有。
- 沒有人能夠思考未來的想法。
- 你對一件事情的想法，將構成它的起源。

因此，一旦你想到某件事情，你就已經擁有它的思想形式。如果你能堅定的認清這種思想形式，它才得以集中、聚集、自我投射出去，然後呈現出物質形式。

透過創造力致富

對財富來源的認知或概念，是你能放在心中最熱切的渴望，因為它意味著所有崇高目標的推進力。

為你自己或他人禱告時要牢記的事

- 要記住，你所謂的治療或禱告，絕不是催眠。在禱告時，你的腦海裡絕不可以有其他想法。
- 要記住，你絕對不能試圖說服自己相信，你所知道的真理不是真的。你只需用這樣的理解力來想著上帝或造物主：「假如一件事情是千真萬確的，它的真理就會遍及全世界。」
- 要記住，思想的力量完全是靠科學原理來運作。這些原理經由以下文字的主張傳達出來：「人是其思想的結果」。這個主張裡含有大量的智慧，只是需要人的堅定認知和謹慎運用，才能使它產生實際運用的效果。

- 要記住，成為我們心裡所想的人。這件事相關的原理由以下這個定律所闡明、揭露：「你怎麼播種，就怎麼收穫。」
- 要記住，你選擇的自由就跟你的思慮一樣，就跟你所宣示和主張的思想形式一樣，這些都構成了上帝給你的贈禮。

以上都證明了，造物主如何幫助每個人在他個人的環境中擁有力量和能力，無論他的選擇是什麼。

關於獲得的因與果

如果你種下一顆橡子，你會得到一株橡樹。

如果你種下一顆玉米粒，你會收穫一株玉米和許多的玉米粒。

對於你有意識或無意識地宣示與主張，以及習慣性地宣告和期待的事情，或許可以換個方法說：**你怎麼播種，總會得到驗證**。

因此，請播種以下的種子——

我是……

我應該要做……

我能夠做……

我願意做……

由此領悟

——因為你**是**，所以你應該要做；

——因為你**應該**，所以你能夠做到；

——因為你**能夠**，所以你**真的**去做。

這項真理的展現，即使是小小的程度，也能給予你不容置疑的理解：支配權是你受保障的權利。

你是造物主的繼承人，被賦予他所有的力量。

上帝給了你一切，一切都屬於你，而你知道，你所要做的，就是伸出你的心靈之手，並且接受它。

這個公式可以當作是，塑造你為了別人或自己而對上帝所做的禱告或宣示的範本。假如是為了別人，說出你想幫助的人的名字，然後將他們的性格完全從你的意識中抹去。

利用沉思來強化你的思緒，思索存在你內心並找到其道路的東西，那就是真理和生命。

你正在宣示這項事實，你相信，既然正在思考這一點，那麼它就已經屬於你。把你的感覺提升到冥想的核心概念後，檢視自己的意識，並且看看是否有任何不屬於上帝的部分。如果有任何恐懼、擔心、惡意、嫉妒、憎恨或猜忌的感覺，藉著肯定上帝的愛與純潔無所不在（包括你的心與靈魂），然後再回到你的冥想之中，以滌清你的思想，你的思想便會與上帝的愛一致。

要謹記於心：**你是以上帝的形象和模樣造出來的**。

讓心中懷著這個澄淨的思想，直到覺得自己已經將意識中所有的思緒和感受完全釋放出去，除了愛與全人類的和諧。

然後，對於所有不是想要的現象，就拒絕與它們產生關聯。完成這一步驟後，你所拒絕承認的關係，就幾乎會被壓制在這個堅定的信念之下：你是以上帝的形象和模樣造出來的，你的欲望已經在它最初、原始的思想形式中獲得實現。

結束禱告

禱告是一種思想的方式，它是對宇宙定律的審慎運用。如果有任何事情可能對你的完全自由會造成任何阻礙，它便能夠給予你支配這些事情的力量。

你被賦予了一個你會越來越充分享受的人生。

堅定地認清這項真理，你會宣告自己擁有王者般的力量。

你認清、接受這個力量，並且運用它，把它當作王者之子，因此，支配權便是你與生俱來的權利。那麼，當你感到這個偉大真理的光芒要淹沒你的意識時——打開你由衷讚美的靈魂中的洩洪門，因為你已經領悟到，造物者與其創造物乃為一體，而且，造物者透過他的創造力，正持續不斷地創造中。

在禱告的結尾，要愉快的鼓勵自己：已實現的禱告並不是一種祈求的形式，而是一種堅定的習慣性宣示：「所有創造物的造物者，正特別穿越我而運作。」因此——

工作必完美的完成，而你的心靈是天道運行的中心。

運用與實務的注意事項

每花五分鐘閱讀與學習心靈科學的理論，就請另外花十五分鐘來運用與應用所得到的知識。

1. 每一天裡，都花一分鐘去專注思考，而為了禱告能獲得回應，必須要規劃祈禱文的內容。

2. 每天兩次，每次十五鐘，練習對於所嚮往的思想佔有，秉持堅定的認同感。每一次，你不只要看看自己在做觀想前，能將一個特定概念維持多久的時間，還要養成記錄的習慣，寫下對觀想的體驗有多逼真。記住，你的心靈感應就像你的生理感官一樣，是可變化、也可訓練的。

3. 每天中午十二點到下午一點之間，花五分鐘時間做財富新來源的心靈探索。

Chapter 17
最後的叮嚀

世界上最偉大的心靈科學家（耶穌・基督）曾說過，一切對你而言都是有可能的，以及：「我所做的，你也能做到。」

這是真的嗎？

耶穌就跟你一樣，並未主張他的神性。他宣稱，全人類都是上帝之子。以來到這個世上的方式而言，他也與常人無異。他所擁有的力量，是透過他個人的努力而培養出來的。他說，**只要你相信自己，你也能夠做到**。

一個偉大的想法，在沒有實際行動之前，是毫無價值的。上帝賦予人們想法，而人們將想法發展到物質層面。

人生中最有價值的，就是滿足。光憑著克己自制，就能夠製造滿足感。

心靈與肉體合一，內心的滿足就是心靈上的滿足，而心靈上的滿足，就代表身體的滿足。

如果你希望健康，不僅要觀察你對自己的想法，同時也要觀察你對每件事、每個人的想法。運用你的意志，讓那些想法與你的欲望一致，而且外在行為也要與你的思想一致。然後，你將會很快的了解到，所有支配思想和環境的力量，都已經賦予給你了。

你相信上帝，你相信自己是上帝運作時所使用的物質工具。

當你擁有足夠的自制力去征服思想和行為的負面趨勢時，你就等於擁有絕對的支配權了。

每天你要問自己：

「讓我置身於此的力量，它的目的是什麼？」

「為了人生和我內心的自由，我要怎麼與這個目的共處？」

在決定了所有的這些問題之後，就時時刻刻致力於實現問題的答案。而你，就是你自己的定律。

如果你很容易把任何事做得太過火——大吃大喝，或把你的不幸歸咎於環境，就以「一切力量都屬於你」的內在信念，來克服這個傾向。吃少一點、喝少一點、少歸咎於環境，那麼，最好的事情將會在看似絕境之處，逐漸萌芽成長。

切記，只要你願意，一切都受你差使；如果你願意，你就能夠；如果你願意，你就會去做。

我們的天父，上帝，以祂所能給予的一切祝福你，所以你要以虔敬的心好好運用神的賜與。

當你開始在心靈科學方面展開研究和論證時，能使你達到空前成功的原因，是你發現內在無形力量所表現出來的歡欣和熱忱，那種力量會遠大於你之後所能理解的一切。當你漸漸有所理解，歡欣與熱忱也將慢慢隨之而來，結果便應運而生。

特別收錄

「觀想法則」補充彙整

以下各篇由編輯彙整了近代許多相關「觀想法則」的發表文章，以利讀者能更進一步裡解貝倫德女士所陳述的原裡。

讓願望實現的行動法則

羅伯特・安東尼博士（Dr. Robert Anthony）在《「以無為而為之」的祕訣》一文中指出，對於生命中想獲得的東西，多數人錯誤地執著在「做為」上，認為必須有所做為或行動，方有所得，殊不知，這反而是造成「逆向創造」的錯失。

因為當做為行動優於一切時，最後的事實便是，「每次當你努力時，你的創造就有偏差。每次當你感到痛苦或艱辛奮鬥時，你吸引力的磁頭就指向你不想要的、而非你想要的結果」。

他進一步說明，**讓事情發生的並不是行動，其實是意圖，只有讓自己專注在想要的事情上，並感受正面能量在內心移動，直至勾勒出心靈願景，這樣才能引導出正確的行動方向。**

他提供了一個行動前的檢測模式：

「如果你專注於你的願望，但仍感到不知所措或焦慮，那麼你就沒準備好要採取任何行動。而當你覺得下一個合理的步驟對你來說毫不費力時，你就會知道自己準備好了，那將不費力、不緊張、不痛苦」。

為什麼有人能夠不費吹灰之力，就能擁有所有美好的一切，有人努力認真工作打拚，卻獲得最少？差別只在於是否遵循了宇宙運行的法則。

行動雖然是必要的，但卻是創造過程中的最後一個要素，因為要創造，所以必須先要有存在，然後是思想，最後才是行動。毫無效能的運用行動，根本無法觸發結果的產生。

「記住，任何事物的創造，都要透過你的感應。一切事物都會感應，而且就是透過感應，我們才會變得和諧，並且吸引事物變成我們的經驗。所以，在你行動或做任何事之前，先問問你自己，你要怎麼去感應？你要如何分辨？答案是，你要憑你的感覺去分辨。你的感覺會顯露你的感應，你的感覺會決定你所吸引的事物。」

一旦我們將心思專注在「想要的」欲望上，呈現在我們眼前的環境將會是一個無所畏懼、懷疑、焦慮或擔憂的境界，無需費太多力氣與行動，就能有所收穫。

要懂得判別思想的好壞

你可能不知道，在腦海中來來去去的想法，對我們所造成的影響，遠遠超過你所能理解的範疇。泰利・高斯（Terry Goss）在《監督你的想法》中做了明確的說明。泰利・高斯指出，一旦思想形成，無論是良善或邪惡，都會因為你的持續思索、不斷思考而成長壯大。

如果你不懂得判別思想的好壞，而任其發展，這無異於自己編織了一條鋼索，把自己捆鎖起來，最終落入心靈「阻塞」的僵局。

泰利・高斯說明，**如果想在心靈力量中成長並得到力量，就必須學會判別思想的好壞，也就是讓自己的心靈洞察力提升起來。**他說：「我開始忽視某些想法。我學到，不健全的邪惡思想是靠著我對它們的思索，才能在力量中成長。我以拒絕思索它們，來切斷它們的力量，這樣減緩了它們成長的速度，我總算開啟了將它們送上死亡之途的計畫，而且是永遠的死亡。」

想獲得成功的心靈力量，就好好監督自己的想法吧！

如何根除人生的問題

我們的人生中或多或少都會遭遇到一些問題，或許是事業、財務、健康、人際關係等問題，或者是任何其他面向的問題，這些問題，都會造成我們現實生活、心理心靈層面的困擾。

湯尼・麥斯（Tony Mase）在《根除你人生問題的三大步驟》一文中，提供了明確的解決方案。

步驟一：從你的字典中完全去除「問題」一詞

湯尼・麥斯要我們把「問題」直接轉成「狀況」，讓「問題」一詞徹底從心裡刪除。他說：「所謂的問題，不過就是發生在特定時間、特定地點的所有特定條件和事情……。而把一個狀況變成『問題』的，是『你』所指派給它的困難度。」

其中「在特定時間和特定地點所發生的所有條件和事情」，正是《牛津進階學習者字典》對於「狀況」一詞的定義。

一旦把「問題」重新賦予定義，「你就移除了它的困難性和附帶的破壞性情緒，並且讓你置身於以建設性態度處理它的心靈境界裡」。

步驟二：忘了吧

湯尼・麥斯在此提出恩師華特斯・瓦勒斯（Wallace D. Wälltes）常用的一句話：「忘了吧！」

「在他所寫的《促進健康的談話》文章中，華特斯告訴我們原因：『**當你忘掉一件事，它就會消失。**』

事情的確是這個樣子……，只因為我『忘掉』一些事情，它們就從我生命中清除得一乾二淨，或消失得無影無蹤，效果真的好到不可思議。」

然而，他也提到，要「不討論狀況，忘了吧」，確實是知易行難的事。不過，他提供了一個解決的小祕訣：

「試著忘掉某件事，有點像是試著不要想著粉紅象……，但你越試著『不』去想，事實上就越容易想到，不是嗎？所以，你要怎麼忘掉粉紅象？很簡單，就想著藍藍象。

當你把焦點從粉紅象換到藍藍象上頭，粉紅象就自動消失了，不是嗎？」

步驟三：把注意力放在想要的狀況上，而非你不想要的狀況

依照宇宙運作的方式，當我們把注意力放在想要的狀況時，便會擁有一個「想要」的狀況，如果注意力是在不想要的狀況，那就會有一個「不想要」的狀況。

湯尼・麥斯以財務狀況為例，指出如果我們有財務方面的問題，那麼就應該拋開惱人的財務狀況，轉而將注意力放在一個理想的財務狀況，想像這個理想財務狀況發生在自己的身上。如此，就會很自然地朝向理想財務狀況移動，而理想的財務狀況也會自動朝我們靠近。

最終，讓煩惱的財務狀況自動解除、消失。

克服失敗的恐懼

幾乎每個人都害怕失敗，但其中的許多人卻因為害怕失敗，而甘於現下的狀況，不敢貿然進取，甚至終其一生都不敢爭取更大的人生目標。

提姆・王（Tim Ong）醫學博士在《克服失敗的恐懼》一文中說：「害怕失敗是妨礙你成功的最大阻礙之一，如果你無法克服這種恐懼，便只會甘於平凡，不敢為了更大、更好的事物而冒險進取。更糟的是，這會對你的自尊造成負面影響。」

他在文中明確指出，**要克服失敗的恐懼，唯一的途徑便是——放膽去做！**提姆・王說：「恐懼是一種假象，它不是真的，它會自我創造。」所以，其實無須對失敗恐懼，因為恐懼正是來自於自己，是自己想像了一個不好的未來，所以才會創造出焦慮、恐慌。

那麼，該如何做，才能讓這個恐懼不佔有我們的心呢？提姆・王明確地說了：「如果你允許自己專注在你的焦慮、擔憂或恐懼上，你便永遠無法向前走。專注在負面的事情上絕不是個好主意，因為你會吸引所專注的事物向你移動。反之，你要選擇專注於正面事物，專注在你想要的結果之上。當你這麼做的時候，你會看到極大的差異。當你想像著一個理想的未來時，你創造的會是希望，而不是焦慮。」

重點就在選擇，知道自己能有所選擇，進而專注在自己的選擇。

最後，提姆・王給了我們一個忠告：「做你所恐懼的事，死亡的恐懼是必然。」

所以，放膽去做！與勇氣共存！

如何創造有效的宣示

針對宣示對於心靈願景的效用，這裡就傑夫・史丹尼佛斯（Jeff Staniforth）的《為什麼有的宣示有效，有的沒效》一文來作說明。

傑夫・史丹尼佛斯首先對「宣示」做了定義：

「宣示是一種以聲音、心靈或書寫，重複一遍又一遍的主張。宣示的言詞在被說出來、想到、或寫出來的時候，若缺乏圖像（想像）或情緒聯結，會是個非常薄弱的宣示。

宣示，在以言詞正確的表達時（以及注入情感時），能夠深入你潛意識的無限創造力，然後呈現你的願望。」

也就是說，我們可以藉由「宣示」，來達到實現心靈願景；而他同時也指出了為何有人能夠宣示成功，卻也有人宣示失敗的原因，重點即在「想像」與「情感」。

如何做到成功有效的力量宣示，他要我們先做以下句子的思索：

「我是我選擇成為的人。」
「我所有的需求都得到立即的滿足。」
「我愛、也接受我真實的模樣。」
「＿＿＿＿＿＿＿來得既輕鬆又毫不費力。」（在空格中填入你想要的）
「我的身體、心靈和精神，現在都處於完美的健康狀態。」
「現在我要開創屬於我的美好、理想人生。」

以上的句子中，其宣示力量有什麼共同點？他在文章中歸結出三個重點：

1. 它們都是現在式敘述句

宣示以現在式句型表達時，會更具效果。例如：我「現在」有一份……要避免以未來式句型做宣示，以避免漫長等待結果的發生，例如：我「將會」擁有一份……

2. 它們表達出一個正面的主張

宣示盡可能以最正面的詞彙表達出來，避免負面的陳述。例如：「我不再生病。」這是一種負面的陳述。反之，「我的身體、心靈和精神現在都處於完美的健康狀態。」這種陳述便強而有力多了。

3. 它們既簡短又具體

簡短的宣示較易說出口，而且在潛意識層面，會比長句子有更大的影響力。同時，宣示也必須維持具體性與中肯性，才能夠增加力量，因為越完整的因素與條件，就越能將想法修整得更條理分明。

然後，他更進一步提出讓宣示變得具有力量的機制：

1. 重複

重複的重要性，在於讓宣示在潛意識中留下深刻的印象。

2. 情感

投入、熱情，並運用你的情感。在重複這些話時，必須仔細思索它們的意義。

3. 持續

接二連三的持續練習，將會得到加倍的效果。

4.信念

我們不一定要在一開始時就勉強相信自己的宣示，因為信念會隨著即將到來的成功而成長。我們所需要的是一種感受的能力，去感受當所宣示的願望實現時、或當需求得到滿足時，情況會是什麼樣子。也就是說，我們需要全心全意的去感受願望已經實現了。如果沒有這種感受，宣示就毫無力量。

5.讓自己印象深刻

我們與宣示之間的連結越強，它在腦海中的印象就會越深刻。所以，在宣示中加入自己的個性，讓感覺良好，體驗到正面結果的速度也就會越快。

以上，傑夫・史丹尼佛斯所提供的是，創造有效宣示的簡單公式。根據上述方法，我們就可以輕鬆地創造自己的宣示，來表明在人生中的任何願望或需求。

另外，他更指示，我們可以利用電腦毫不費力的去執行宣示的程序，讓困難的事情自動化（如維持高昂的情緒狀態），更快地表明自己的願望。這個方法可以在以下網站中找到：www.affirmware.co.au。

獲得財富前先追尋自我

約翰・泰瑞（John Terry）在《你要先追尋自我》一文中說明了，要有收穫必須先懂得付出。這裡的「收穫」，指的是我們的心靈願景，亦即欲望（如獲得財富）；但想有所獲得，只有向內追尋真正的自我，並明白付出的道理。

他從《聖經》中舉出說法，在〈登山寶訓〉中，耶穌教導他的門徒說：「一個人不能事奉兩個主……你們不能既事奉神，又事奉瑪門……」（馬太福音 6:24）瑪門是指財利而言。耶穌又告訴他們：「你們要先尋求神的國和祂的義，然後一切都將歸於你。」（馬太福音 6:33）

另外，耶穌以同樣的話語作為引言，允諾那些在暗地裡拖捨、幫助窮人的人，天父會在明處報答他們（馬太福音 6:18）。

以上，無不說明唯有向內自我要求，並懂得付出的真義，方能在物質層面獲得滿足。這是約翰・泰瑞的訴求要點，這裡舉列他文章中的一段話作為結語：

「這就是我所暗示的——如果你想獲得財富，數目也許超乎你的想像，那麼就找些方法，不具名地付出，這樣的舉動能服侍上帝，並且建立起神的國度。這是肯定的事情——上帝對虔敬者的承諾。」

比視覺想像更強大的實境創造法

即便觀想的理論、方法已行之多年，但仍有很多人對「觀想」、「視覺化」不了解，甚至是誤解，在克里斯多夫・韋斯崔（Christopher Westra）的《在十個方面比視覺想像更強大的實境創造法》一文中，他從十個方面比較了「視覺想像」與「實境創造法」的差異。

克里斯多夫・韋斯崔所指的「視覺想像」，是「傳統教法中較狹隘有限的視覺化想像」，是實境創造法的一部分。

至於「實境創造法」，則是創造當下的現實，克里斯多夫做了如下說明，「你也可以稱它為實境時間中的願景呈現。你在精神層面（量子層級）中創造出想要的，然後讓它一直成長，直到它具體化成為有形的實體」。

在實境創造法與視覺想像的比較中，他說明是在討論時間不存在的問題，並以羅伯特・安東尼博士的話作為補充：

「**我們所稱的時間，只是一種假象，我們所擁有的唯一時刻，是現在。**等待是一種心靈狀態，基本上它代表著，你想要未來，卻不想要現在。關鍵在於，打破否定此刻與抗拒此刻的沈疴。」

以下是比較的十個面向：

1. **現在vs.未來**

實境創造法是一種當下的活動，亦即把創造物構築於現在，而非未來；焦點需放在永恆的現在。視覺想像則以未來為基礎，焦點是凝聚於一個理想的未來。

2. **實際的創造vs.想像**

實境創造法是真實的創造某種東西，是真實的實體，它們是以物質構成的（表現的是更精緻的物質——但對我們而言是無形的)。視覺想像則靠想像來運作,想像物都是影像,通常不被認為具有真實的「存在」。

3. 永恆 vs. 短暫

以實境創造法建構出來的創造物,具有永恆的力量,能不斷地存在,可以獨立地自行成長。視覺想像出來的物生命很短暫,一旦停止想像,所想像出來的願景就會停止存在,畫面消失無踪。

4. 多次元 vs. 二次元

實境創造法至少是四次元的,實際上它是一種多次元(多於四)的處理程序。而視覺想像是二次元的,其視覺影像只是我們心靈中的塑像。

5. 內在世界 vs. 外在世界

實境創造法的焦點在於思想、光、能量和聲音等內心世界的創造物。事實上,一切都是能量。我們應該明白,思想創造物的外在呈現,只不過是內在表現的一種自然結果。

視覺想像的焦點在外在現實，聚焦於物質世界，幾乎或根本不強調精神上預先建立的程序。

6. 情緒力量vs.只有清晰的影像

實境創造法運用情緒，如果能適當地運用情緒，我們就能適合地做實境創造，而且會真的感受到所想感受的情緒。

克里斯多夫・韋斯崔要我們列出一張實境創造法表單，因為在創作過程中必須真實的寫下情緒的種類，並決定想去感受什麼樣的情緒——自信、愉快、共鳴、活力，並在當下感受那種情緒！

視覺想像則不包含情緒。有許多視覺想像的提倡者已發現了情緒的力量，並把這一點添加到他們的課程中，但還是有人無法從視覺想像中獲得益處，這是因為視覺想像本身不包含這所有步驟。

而實境創造法包含所有的元素，這就是為什麼它能那麼有效的創造我們在人生中想擁有的事物！

7. 感激 vs. 貪婪

實境創造法運用感激之情來校準能量。這是實境創造法本質中的一部分，因為感激能夠調整我們的能量，向內心世界看齊，並且用輕鬆的方法來呈現願望。一旦決定創造某種美好事物時，我們就必須對生命中已擁有的心懷感激。如果是以對生活不滿的態度（不知感激）來呈現願望，是不會產生效用的。我們應該在人生中的任何一部分找出值得感激的事情來，而實境創造法表單能夠幫我們找出這些部分，所以我們必須把它寫下來！視覺想像一點都不強調感激之情。視覺想像往往只是對現有的幸福想要、渴望和貪婪，卻沒有感激之情。

8. 希望 vs. 懷疑

實境創造法製造令人驚奇的希望與信心。當能量得到校準後，同時也清楚知道我們正在內心的真實世界裡創造，就會感到全身舒暢！在此過程中，可以感覺到創造物正在成長，並且具體化成「較稠密」的實體。

希望是對「得到想要之事物」的滿腔期待，有了實境創造法，就能擁有這樣的期待。但是，視覺想像只有在懷疑和希望之間的某處會產生效用，執行視覺想像的大多數人，很難「滿腔期待」他們所想像的事物最後會成真。

9. 歡迎 vs. 需要

無憂無慮是呈現願望不可或缺的一部分，而實境創造法能自然地製造這種愉悅的心靈境界，這個輕鬆愉快的狀態會導致寧靜、協調、毅力和有效率的行動。

視覺想像通常源自於一種需要、貪婪的渴望。因為在內心的現實中沒有成果，所以往往會產生願望不能成真的恐懼。這種帶有恐懼的需要，會導致不滿、不耐煩、匆促和慌亂的行動。

10. 必定有用 vs. 有時有用

實境創造法必定會產生效用，透過之前的實境（精神上的）創造法，呈現實質創造物的定律，必定發生效用。我們只需學習一些相關定律和練習一些相關方法。

視覺想像有時會得到很棒的結果，但之所以「有用」，是因為使用者自然且直覺地加入了實境創造法的許多元素。那些結果在特意去理解原理後，就能夠變得更好。

New life

09

New life

09